100 recettes saines et légères de

CUISINE VAPEUR

Aurette SIMEON - DE ROBERT

Photos : J.L. Syren / S.A.E.P.

La coordination de cette collection est assurée par Paulette Fischer.

EDITIONS S.A.E.P.
INGERSHEIM 68000 COLMAR

préparation très simple

préparation facile

préparation élaborée

peu coûteuse

raisonnable

chère

Une technique ancienne au service d'une cuisine nouvelle.

Peut-être avez-vous un couscoussier ? Si oui, vous pouvez déjà cuisiner à la vapeur, en plaçant l'eau dans la partie inférieure et les aliments dans la partie supérieure.

Sinon, il vous faut acquérir un "cuit-vapeur". Vous en trouverez différentes catégories dans le commerce. Choisissez-le assez grand, en acier inoxydable ou en émail de préférence.

Cet ustensile est composé de trois compartiments. A l'étage inférieur, le récipient contenant l'eau. Au-dessus et s'emboîtant les uns dans les autres, les compartiments à vapeur.

Fonctionnement

L'eau qui bout dans le compartiment inférieur se transforme en vapeur qui passe dans les compartiments superposés par les trous du fond. C'est cette vapeur qui va cuire les aliments.

Il est nécessaire de veiller à la présence d'eau dans le bac inférieur pendant la cuisson. Après cuisson jeter cette eau.

Les viandes, les poissons, les œufs, les légumes, les céréales et les fruits peuvent être cuits à la vapeur. Vous laisserez les aliments entiers ou les présenterez coupés en morceaux.

La cuisson se fera soit séparément, chaque aliment occupant un compartiment à vapeur, soit côte à côte. Dans ce cas, les aliments seront placés les uns près des autres. On peut aussi cuire en même temps des mets différents, chou et dessert par exemple ; les odeurs et les goûts ne se communiquent pas. Certains aliments peuvent être placés dans un moule ou un plat de terre à feu ou encore simplement enveloppés dans du papier aluminium ou sulfurisé et posés dans le compartiment à vapeur.

Pour utiliser les papillotes de papier, deux méthodes sont possibles :

- La première consiste à envelopper tous les aliments dans une seule feuille de papier pliée en deux et placée au fond du récipient vapeur. La fermer hermétiquement en formant une papillote. Après cuisson il suffira d'ouvrir le paquet, de retirer l'aliment, de la placer dans le plat de service et le napper de la sauce contenue dans la papillote.

- La seconde est de confectionner plusieurs papillotes de papier et de les ranger côte à côte dans le cuit-vapeur. Cette méthode permettra de manier les aliments chauds plus facilement.

Il est également important de surveiller la cuisson des aliments. Les temps de cuisson varient quelquefois en fonction du poids, de la taille ou de l'origine des aliments. Vous vérifierez la cuisson avec la pointe d'un couteau.

La cuisson à la vapeur a plusieurs avantages. Un des plus importants est de permettre de régler en une seule opération la préparation d'un menu qui peut s'adapter à tous, quels que soient les besoins énergétiques.

D'autre part, sur le plan diététique, notre corps a besoin de vitamines et de sels minéraux qui se trouvent dans les aliments, viande, légumes, fruits et la cuisson à la vapeur les préserve.

Notre corps a besoin aussi d'une alimentation saine. La cuisson à la vapeur rend les aliments plus digestes en éliminant une grande partie des graisses et des produits toxiques qu'ils contiennent, comme le cholestérol.

Sous un angle purement gastronomique, en France traditionnellement la cuisine tient une place importante. La cuisson à la vapeur respecte la saveur naturelle des aliments et permet de réaliser en un tour de main des plats aux allures de grande cuisine.

Au point de vue économie d'énergie, le gain est grand. En effet, avec une seule source d'énergie, on peut, dans les deux compartiments à vapeur, cuire différents aliments et même différents plats.

Ce livre vous propose 110 recettes simples, légères et rapides vous permettant d'aborder d'une manière nouvelle les problèmes d'alimentation.

Des idées de toujours et d'autres toutes neuves - sans oublier votre imagination ! -, rien qu'un pas à franchir et vous entrez dans une ère nouvelle...

A TOUTE VAPEUR !

AU SUJET DE LA CUISSON

Le **volume d'eau** fournissant la vapeur dépend du temps de cuisson des aliments. Il faut mettre assez d'eau dans le compartiment inférieur sans dépasser la moitié du récipient. La vapeur a besoin d'espace pour s'accumuler et être active. Pour les longues durées, il faudra ajouter de l'eau bouillante en cours de cuisson.

Les aliments seront déposés dans le compartiment vapeur lorsqu'il y a dégagement de vapeur. Jamais à froid. Après cuisson, jeter l'eau restante et nettoyer l'appareil. Préparer le volume d'eau dès le début de la préparation. Il faut :

1 lit. d'eau jusqu'à 15 minutes de cuisson
1,5 lit. d'eau jusqu'à 40 minutes de cuisson
2 lit. d'eau jusqu'à 50 minutes de cuisson
2,5 lit d'eau jusqu'à 1 heure de cuisson
3 lit. d'eau jusqu'à 1 heure 15 minutes de cuisson.

On peut aussi utiliser de l'eau mélangée à un autre liquide (du vinaigre par exemple), ou remplacer l'eau par un autre liquide : du vin, du lait, du cidre.

Le temps de cuisson des aliments varie en fonction de nombreux éléments (la saison, le poids, la taille, l'âge, la fraîcheur). Aussi, il est nécessaire de surveiller le temps de cuisson soit avec la pointe d'un couteau, soit avec une aiguille à tricoter.

Les temps ci-après peuvent servir de repères :

Abats :	
Cervelle de veau	15 minutes
Cœur de veau	40 minutes
Foie de veau	10 minutes
Langue de bœuf	2 heures
Ris de veau	30 minutes
Rognon de bœuf	12 minutes
Rognon de veau	20 minutes

Fruits de mer :	
Coquilles Saint-Jacques	10 minutes
Coquilles, pour les ouvrir	5 minutes
Langoustes (700 g.)	20 minutes
Langoustines (petites)	8 minutes
Moules	5 minutes
Palourdes	5 minutes

Légumes :	
Artichauts	35 minutes
Aubergines	40 minutes
Asperges	10 minutes
Brocolis	15 minutes
Carottes	20 minutes
(nouvelles)	12 minutes
Céleri	10 minutes
Champignons	10 minutes
Concombres	10 minutes
Chou blanc et rouge	1 heure 45 minutes
Chou de Bruxelles	15 minutes
Chou-fleur	10 minutes
Courgettes	12 minutes
Endives	35 minutes
Epinards	15 minutes
Fenouil	20 minutes
Haricots verts	12 minutes
Haricots frais en grains	30 minutes
Oignons	10 minutes
Navets	20 minutes
Petits pois	12 minutes
Poireaux	20 minutes
Poivrons	20 minutes
Pommes de terre	20 minutes
Tomates	10 minutes

Poissons :	
Bar entier (800 g. environ)	25 minutes
Lotte (800 g. environ)	25 minutes
Cabillaud (800 g. environ)	25 minutes
(en tranches)	15 minutes
Carpe (800 g. environ)	20 minutes
Dorade (800 g. environ)	20 minutes
Haddock moyen 4 pers.	10 minutes
Hareng 4 pers.	12 minutes
Limande 4 pers.	10 minutes
Maquereau 4 pers.	10 minutes
Merlan 4 pers.	10 minutes
Morue salée 4 pers.	15 minutes
Plie 4 pers.	15 minutes
Saint-Pierre 4 pers.	25 minutes
Truite 4 pers.	18 minutes
Sole 4 pers.	12 minutes

Viande :

BŒUF :	
Bœuf à braiser entier 800 g.	1 heure 15 minutes
Bœuf à braiser en morceaux	1 heure
Côte de bœuf	8 minutes de chaque côté
Rosbif dans le filet saignant	17 minutes pour 800 g.
Rosbif dans le filet à point	25 minutes
Rumsteack tranche	3 minutes de chaque côté
VEAU :	
Blanquette en morceaux	1 heure 30 minutes
Côte de veau	20 minutes
Escalope	15 minutes
Jarret	45 minutes
Longe	1 heure
Rôti dans la noix	35 minutes
Rouelles jarret	1 heure 45 minutes
AGNEAU ET MOUTON :	
Côtelette	20 minutes
Collier en morceaux	1 heure 05 minutes
Epaule	1 heure 10 minutes
Gigôt saignant 1,5 kg.	1 heure 05 minutes
Gigôt à point	1 heure 20 minutes
Gigôt en tranches	20 minutes
PORC :	
Côtelette	20 minutes
Filet entier 800 g.	45 minutes
Filet en morceaux	20 minutes
Palette 1 kg.	1 heure 30 minutes
VOLAILLES :	
Cailles	40 minutes
Canard entier	1 heure
Magrets	45 minutes
Coquelets coupés en deux	20 minutes
Dinde	1 heure 45 minutes
(filets)	30 minutes
Dindonneau en rôti	30 minutes
Faisan	30 minutes
Lapin en morceaux	40 minutes
Perdrix	40 minutes
Poule en morceaux	1 heure 30 minutes
Poulet en morceaux	1 heure

Salade russe

Prép. : 20 mn. Cuiss. : 20 mn.
4 pers.

2 œufs / 200 g. de petites carottes / 200 g. de haricots verts / 200 g. de petits pois écossés / 200 g. de pommes de terre / 500 g. d'asperges / Mayonnaise / Sel, poivre.

Eplucher les légumes et les faire cuire séparément à la vapeur 12 minutes pour les haricots verts en tronçons d'1 cm et les petits pois, 20 minutes pour les asperges, les carottes et les pommes de terre.

Cuire les œufs 10 minutes dans le compartiment à eau. Les éplucher et les couper en rondelles.

Couper les pommes de terre en rondelles.

Mélanger les légumes (sauf les asperges) avec la mayonnaise, les mouler en forme de cône et le disposer sur un plat. Appuyer les asperges contre le cône les unes à côté des autres la tête en haut. Décorer avec les œufs et de la mayonnaise.

Salade de printemps

Prép. : 15 mn. Cuiss. : 20 mn.
4 pers.

500 g. de chou-fleur / 500 g. de pommes de terre / 100 g. de champignons de Paris frais / 1 laitue / Le jus d'un citron / Mayonnaise ou vinaigrette / Sel, poivre / Persil haché.

Placer les pommes de terre épluchées dans un compartiment vapeur. Dans l'autre, disposer le chou-fleur détaché en bouquets. Cuire 20 minutes.

Laver les champignons, les couper en rondelles, les arroser de jus de citron.

Servir la salade sur un lit de feuilles de laitue parsemées de persil et accompagné de mayonnaise ou arrosée de vinaigrette.

Salade niçoise

Prép. : 25 mn. Cuiss. : 20 mn.
4 pers.

3 œufs / 1 salade verte / 200 g. de haricots verts en morceaux / 200 g. de petits pois écossés / 100 g. de chou-fleur en bouquets / 2 tomates / 150 g. d'olives noires / 125 g. de thon nature / 200 g. de pommes de terre / 1 oignon.
Vinaigrette : *3 cuillerées à soupe de vinaigre / 6 cuillerées à soupe d'huile / Sel, poivre.*

Eplucher les pommes de terre. Les placer dans un compartiment à vapeur, les haricots, le chou-fleur et les petits pois dans un autre. Cuire 20 minutes pour les pommes de terre et 12 minutes pour les autres légumes.

Faire cuire les œufs dans le compartiment à eau 10 minutes. Les éplucher et les couper en quatre.

Dans un saladier garni de feuilles de salade, disposer les pommes de terre et l'oignon coupés en rondelles, le thon, les légumes et les olives. Arroser de vinaigrette.

Garnir de quartiers de tomates, d'œufs et d'olives.

Brocolis sauce verte

Prép. : 30 mn. Cuiss. : 25 mn.
4 pers.

800 g. de brocolis / 1 bouquet de persil / 1 jaune d'œuf / 1 cuillère à soupe de moutarde / 1 verre d'huile d'arachide / 1 citron / 1 cuillère à soupe de ciboulette / 1 cuillère à soupe d'estragon / 1 cuillère à soupe de cerfeuil / 1 cuillère à soupe de câpres / Sel, poivre.

Diviser les brocolis en petits bouquets. Les laver, les poivrer et les faire cuire à la vapeur 10 minutes. Les disposer sur un plat de service un peu creux.

Laver et blanchir le persil 15 minutes. Enlever les tiges et le mixer. Mélanger cette purée avec le jaune d'œuf et la moutarde. Verser l'huile doucement comme pour une mayonnaise puis ajouter le jus de citron, la ciboulette, l'estragon et le cerfeuil hachés, les câpres. Mélanger.

Servir les brocolis tièdes ou froids nappés de sauce.

Pain Victoria sauce tomate

Prép. : 15 mn. Cuiss. : 40 mn.
4 pers.

1/2 lit. de lait / 150 g. de gruyère râpé / 4 œufs / 20 g. de beurre.
Pour la sauce : *1 carotte coupée en rondelles / 4 échalotes coupées menu / 100 g. de champignons de couche / 1 citron / 4 tomates mûres / 1 branche de céleri effilé et coupé en tronçons / 1 branche de thym / 2 cuillères à soupe de persil haché / 40 g. de beurre / Sel, poivre.*

Faire boullir le lait avec le gruyère 10 minutes.

Dans un saladier, battre les œufs et y introduire lentement le lait bouillant en remuant. Passer au chinois.

Répartir le mélange dans 12 petits ramequins bien beurrés, Les couvrir d'une feuille d'aluminium. Les placer dans le compartiment vapeur. Cuire 20 minutes.

Passer à la vapeur 20 minutes la carotte, 10 minutes les champignons émincés citronnés, 2 minutes les tomates, 1 minute les échalotes.

Peler les tomates, les presser, les concasser grossièrement. Les mettre cuire 10 minutes avec la carotte, les échalotes, les champignons, le céleri, le thym, le laurier, le persil, le beurre. Saler et poivrer.

Enlever la branche de thym et la feuille de laurier.

Démouler les ramequins sur un plat creux et les napper de sauce. Servir chauds, saupoudrés de persil.

Oeufs au chorizo

Prép. : 10 mn. Cuiss. : 12 mn.
4 pers.

4 œufs / 20 rondelles de chorizo / 2 cuillères à soupe de persil haché.

Répartir les œufs battus dans 4 ramequins beurrés.

Enlever la peau du chorizo et disposer les rondelles dans les ramequins. Ne pas saler. Cuire à la vapeur 12 minutes. Les œufs doivent être pris.

Servir les œufs chauds , saupoudrés de persil haché.

Oeufs brouillés aux champignons

Prép. : 25 mn. Cuiss. : 15 mn.
4 pers.

4 œufs / 100 g. de morilles fraîches (à défaut champignons de Paris) / 20 g. de beurre / Le jus d'1/2 citron / 1/2 gousse d'ail écrasée / 2 cuillère à café de persil haché / 5 cl. de crème fraîche / Sel, poivre.

Nettoyer et laver les champignons, les émincer, les arroser de jus de citron. Les placer sur une feuille d'aluminium et les cuire à la vapeur 10 minutes.

Faire dorer les champignons au beurre avec l'ail, 1 cuillerée de persil.

Mettre les œufs battus dans un plat creux entrant dans un compartiment vapeur. Ajouter les morilles, saler, poivrer. Mettre cuire 2 minutes, remuer et prolonger la cuisson 2 minutes. Hors du feu, ajouter doucement la crème.

Parsemer du reste de persil haché pour servir.

Oeufs farcis à l'oseille

✕ ○

Prép. : 10 mn. Cuiss. : 25 mn.
4 pers.

4 oeufs / Ciboulette / 12 échalotes hachées / Persil / 2 dl. de crème / 1 kg. d'oseille / 40 g. + 20 gr. de beurre / 1 jaune d'œuf / Chapelure / Sel, poivre.

Cuire les œufs dans le compartiment à eau 10 minutes. Les écaler, les couper en deux dans le sens de la longueur. Ecraser les jaunes. Mélanger les jaunes, le persil et la ciboulette hachés, 6 échalotes et 1 dl. de crème, saler, poivrer. Remplir les moitiés d'œufs de cette farce.

Enlever les queues de l'oseille. La laver, la passer 5 minutes à la vapeur et les échalotes 1 minute.

Faire revenir 6 échalotes avec le beurre. Ajouter l'oseille. La laisser fondre à feu doux 10 minutes.

Beurrer un plat de terre et y déposer les œufs farcis. Saupoudrer de chapelure. Poser une noisette de beurre sur chacun. Faire dorer au four, th. 8, 5 minutes.

Battre le jaune d'œuf et 1 dl. de crème. Hors du feu, mélanger à l'oseille fondue. Saler, poivrer. Verser l'oseille sur un plat et disposer les œufs farcis dessus.

Oeufs à la provençale

✕ ○

Prép. : 10 mn. Cuiss. : 22 mn.
4 pers.

4 œufs / 2 oignons hachés / 60 g. de poitrine fumée coupée en dés / 3 cuillerées à soupe d'huile / 200 g. de champignons de Paris émincés / 400 g. de tomates pelées et concassées / 75 g. d'olives noires / 4 cuillerées à soupe de macédoine de légumes / Persil / Sel, poivre.

Faire revenir les oignons et la poitrine fumée à l'huile. Ajouter les champignons, les tomates et leur jus, la macédoine, les olives, saler et poivrer. Verser sur une feuille d'aluminium, fermer. Cuire à la vapeur 10 minutes.

Faire cuire les œufs 10 minutes à la vapeur, les éplucher, les couper en deux et les ranger dans un plat. Verser le contenu de la papillote dessus et parsemer de persil.

Saint-Jacques au porto

Prép. : 25 mn. Cuiss. : 25 mn.
4 pers.

12 coquilles Saint-Jacques moyennes / 40 g. + 20 g. de beurre / Le jus d'un citron / 250 g. de morilles fraîches coupées en morceaux / 2 échalotes émincées / 1 gousse d'ail écrasée / 20 g. de farine / 2 dl. de crème fraîche / 10 cl. de porto / 1 cuillerée à soupe de cerfeuil haché / 1 cuillerée à soupe de persil haché / Quelques brins de cerfeuil / Sel, poivre.

Laver et brosser les coquilles Saint-Jacques. Les ranger dans le compartiment vapeur. Cuire 4 minutes pour les faire ouvrir.

Détacher le corail des coquilles et couper la noix en 2 rondelles. Bien les laver. Les disposer dans un petit plat entrant dans le compartiment vapeur. Les arroser de jus de citron.

Faire revenir les champignons, l'ail, les échalotes dans 40 g. de beurre 3 minutes en remuant. Introduire alors la farine en remuant vivement. Ajouter le porto et amener à ébullition. Laisser cuire 3 minutes en remuant. Hors du feu ajouter la crème fraîche et les fines herbes. Saler et poivrer. Donner un bouillon.

Verser la préparation sur les coquilles Saint-Jacques. Couvrir d'un papier d'aluminium. Placer dans le compartiment vapeur. Cuire 10 minutes.

Servir dans le plat de cuisson parsemé de cerfeuil.

Saint-Jacques à la marinière

Prép. : 20 mn. Cuiss. : 15 mn.
4 pers.

8 coquilles Saint-Jacques / Persil / 6 échalotes hachées fin / 1 pincée de piment en poudre / 4 cuillerées à soupe de chapelure / 2 cuillerées à soupe de madère / 20 g. de beurre fondu / 1 citron / Sel, poivre.

Laver et brosser les coquilles Saint-Jacques, les faire ouvrir à la vapeur 4 minutes.

Détacher les noix, les ébarber. Laver abondamment les coquilles concaves et la chair des Saint-Jacques, la saler et la poivrer. La replacer dans 4 coquilles. Les disposer sur un plat entrant dans un compartiment vapeur. Disperser sur chaque coquille du persil, de l'échalote, du piment (selon son goût), de la chapelure. Arroser du madère et de beurre fondu. Couvrir d'une feuille d'aluminium. Cuire à la vapeur 10 minutes.

Servir les coquilles arrosées de jus de citron.

Moules aux fines herbes

Prép. : 20 mn. Cuiss. : 25 mn.
4 pers.

24 moules / 2 oignons émincés / 6 échalotes hachées / 100 g. de champignons de Paris émincés / 1 branche de céleri effilé en tronçons / 20 cl. de vin blanc sec / 1 cuillerée à soupe de persil haché / 1 cuillerée à soupe de cerfeuil haché / 1 cuillerée à soupe d'estragon haché / 1 dl. de crème / 1 jaune d'œuf / Chapelure / 20 g. de beurre / Sel, poivre.

Tapisser un compartiment vapeur d'aluminium. Y éparpiller l'oignon, les échalotes, les champignons et le céleri. Poser les moules lavées, brossées, les unes à côté des autres. Arroser de vin. Saupoudrer de fines herbes et de poivre. Cuire à la vapeur 5 minutes.

Enlever les moules des coquilles. Garder au chaud.

Recueillir la sauce contenue dans la feuille d'aluminium, la faire réduire. Hors du feu ajouter la crème battue avec le jaune d'œuf, les moules.

Verser la préparation dans 4 coquilles vides. Saupoudrer de chapelure. Poser une noisette de beurre sur chacune. Faire dorer sous le gril 5 minutes et servir.

Eliminer les moules qui ne se sont pas ouvertes .

Moules au fenouil

Prép. : 20 mn. Cuiss. : 15 mn.
4 pers.

1,5 kg. de moules / Feuilles de fenouil / 6 échalotes hachées / 40 g. de beurre / 1 gousse d'ail écrasée / 1 cuillerée à soupe de farine / 1,5 dl. de crème fraîche / 1 cuillerée à soupe de cerfeuil haché / 1 cuillerée à soupe de persil haché / 1 jaune d'œuf / 1 citron / Sel, poivre.

Tapisser un compartiment de papier sulfurisé. Y répartir des feuilles de fenouil, poser les moules. Cuire 5 minutes. Enlever les coquilles. Disposer les mollusques dans un plat. Les arroser de jus de citron. Garder au chaud.

Faire blondir les échalotes dans le beurre, verser l'ail, la farine et remuer vivement. Introduire la crème et le jus de cuisson des moules filtré, remuer jusqu'à épaississement. Saler, poivrer. Laisser mijoter 5 minutes.

Hors du feu, ajouter le cerfeuil, le persil et le jaune d'œuf. Faire épaissir sans faire bouillir.

Servir les moules parsemées de persil, de feuilles de fenouil et accompagné de la sauce en saucière.

Carpes à la bière blonde

Prép. : 40 mn. Cuiss. : 40 mn.
4 pers.

2 carpes de 500 g. environ / 12 moules / 250 g. de champignons de couche coupés en deux / 8 échalotes hachées fin / 1 branche de céleri effilé et coupé en tranches / 1 blanc de poireau coupé en rondelles / 4 brins de persil / 1 cuillerée à soupe de feuilles d'estragon / Le jus d'un citron / 20 cl. de bière blonde / 400 g. de céleri-rave / 1 cuillerée à soupe d'eau / 1 cuillerée à soupe de maïzena / Sel, poivre.
Pour servir : *Feuilles d'estragon.*

Ecailler, vider, laver les carpes. Les frotter de sel et de poivre.

Laver et brosser les moules. Les passer 5 minutes à la vapeur. Enlever les coquilles.

Nettoyer les champignons. Les passer 10 minutes à la vapeur. Placer les échalotes 1 minute à la vapeur.

Préparer 2 grandes feuilles d'aluminium. Répartir dessus les échalotes, les champignons, le céleri, le poireau, le persil et l'estragon. Saler et poivrer. Poser les poissons sur ce lit. Arroser du jus d'un-demi citron et de la bière. Faire des papillotes. Les cuire à la vapeur 20 minutes.

Peler, laver, couper le céleri-rave en tranches. Arroser du reste de jus de citron. Placer dans un compartiment. Saler et poivrer. Cuire 20 minutes.

Après cuisson disposer les carpes sur un plat de service avec les moules et le céleri-rave. Jeter les brins de persil. Recueillir la sauce des papillotes. La porter sur le feu, ajouter la maïzena délayée dans l'eau. Porter à ébullition pendant 1 minute en remuant.

Servir les carpes nappées de sauce et parsemées d'estragon.

Cabillaud aux herbes

Prép. : 10 mn. Cuiss. : 22 mn.
4 pers.

4 tranches de cabillaud de 200 g. / 2 cuillerées à soupe de persil haché / 3 cuillerées à soupe d'huile / 1 citron / 2 oignons émincés / 1 cuillerée à soupe de ciboulette ciselée / Sel, poivre, thym, laurier.

Faire revenir les oignons dans l'huile à feu doux 10 minutes. Ajouter la ciboulette, la moitié du persil haché et le jus d'un demi-citron.

Mettre le thym et le laurier dans le compartiment vapeur. Poser par-dessus les tranches de cabillaud. Arroser du jus d'un demi-citron. Faire cuire à la vapeur 12 minutes.

Servir le cabillaud sur un plat chaud nappé de sauce aux herbes et saupoudré du persil haché restant.

Colin au cidre

Prép. : 15 mn. Cuiss. : 20 mn.
4 pers.

4 tranches de colin / 8 échalotes / 1 gousse d'ail écrasée / 1 cuillerée à soupe de cerfeuil / 1 cuillerée à soupe de persil / 40 g. de beurre / 10 cl. de cidre sec / 2 dl. de crème / 5 g. de maïzena / 2 pommes reinettes / Pluches de cerfeuil / 1 citron / Sel, poivre.

Passer les échalotes hachées 1 minutes à la vapeur.

Les répartir sur 1 feuille d'aluminium placée dans un compartiment du cuit-vapeur. Y déposer les tranches de colin salées et poivrées. Ajouter l'ail, le cerfeuil et le persil hachés. Parsemer de noisettes de beurre et arroser de cidre. Saler et poivrer. Fermer. Cuire 14 minutes.

Perler et couper les pommes en quatre. Les cuire 10 minutes à la vapeur et les disposer autour du colin sur un plat tenu au chaud.

Recueillir la sauce de la papillote. Ajouter la maïzena délayée à l'eau froide. Porter à ébullition 1 minute en remuant, introduire la crème et donner un bouillon.

Servir le colin nappé de sauce, parsemé de pluches de cerfeuil et de rondelles de citron.

Pain de poisson sauce aurore

Prép. : 20 mn. Cuiss. : 40 mn.
4 pers.

400 g. de filets de poisson / 40 g. de beurre / 150 g. de mie de pain / 2 œufs / Sel, poivre.
1 dl. + 1/2 l. de lait / 50 g. de maïzena / 30 g. de beurre / 2 cuillerées à soupe de concentré de tomate.

Saler et poivrer les filets de poisson, Les faire pocher à la vapeur 15 minutes.

Tremper le pain dans 1 dl. de lait chaud 15 minutes. L'égoutter. Mélanger le poisson émietté, le pain, les œufs battus, le sel, le poivre. Verser dans un moule à soufflé beurré. Couvrir d'un papier d'aluminium. Cuire à la vapeur 20 minutes et démouler.

Délayer la maïzena avec du lait froid et l'ajouter au reste du lait bouillant. Chauffer en remuant jusqu'à épaississement. Baisser le feu, ajouter le beurre en morceaux et le concentré de tomate.

Servir le pain de poisson sur un plat chaud nappé de sauce aurore.

Congre à la sauge

Prép. : 40 mn. Cuiss. : 45 mn.
4 pers.

800g. de congre / 8 feuilles de sauge / 6 échalotes hachées fin / 10 cl. de vin blanc sec / 2 cuillerées à soupe de paprika doux.
Pour la sauce : *4 tomates / 3 cuillerées à soupe d'huile d'olive / 1 gousse d'ail / 1 carotte coupée en rondelles / 1 branche de céleri effilé et coupé en tranches / 1 branche de thym / 8 brins de persil / 3 feuilles de sauge / 10 cl. de vin blanc.*
Pour les champignons : *500 g. de champignons de Paris / 1 cuillerée à soupe de persil / 1 gousse d'ail / 1 oignon coupé en rondelles / 40 g. de beurre pour les champignons / 20 g. pour les oignons / Sel, poivre.*

Nettoyer et enlever la peau du congre. Le couper en morceaux. Saler et poivrer. Envelopper chacun de 2 feuilles de sauge et les disposer sur 1 feuille d'aluminium dans le compartiment perforé avec les échalotes, 10 cl. de vin blanc. Saupoudrer de paprika. Fermer en papillotes et cuire à la vapeur 20 minutes.

Passer à la vapeur, la carotte 20 minutes, l'oignon 10 minutes, les tomates 2 minutes, les échalotes 1 minute. Perler et concasser les tomates.

Faire revenir les échalotes à l'huile, ajouter les tomates, l'ail, les carottes, le céleri, le thym, le persil, la sauge, le vin. Saler poivrer et laisser mijoter 10 minutes.

Nettoyer, laver, émincer les champignons, les saler, les poivrer et les placer dans un compartiment. Les faire cuire 10 minutes. Les faire ensuite revenir dans le beurre avec l'ail et le persil hachés.

Faire dorer l'oignon dans 20 g. de beurre.

Disposer le poisson sur un plat, le napper de sauce, l'entourer des champignons, le saupoudrer de feuilles de sauge, de persil, des rondelles d'oignon.

Lieu noir aux champignons

Prép. : 10 mn. Cuiss. : 30 mn.
4 pers.

4 tranches de lieu noir (800 g.) / 250 g. de champignons de Paris frais émincés / 10 échalotes / 3 cuillerées à soupe d'huile / 1/2 verre de vin blanc sec / 1 citron / Sel, poivre, thym.

Faire revenir les champignons et les échalotes à l'huile. Saler et poivrer. Ajouter le vin blanc sec. Laisser mijoter 15 minutes.

Saler et poivrer les tranches de lieu noir. Les poser sur des brindilles de thym dans le compartiment à vapeur. Laisser cuire 15 minutes.

Servir le lieu dans un plat long nappé de sauce aux champignons.

Lotte aux coeurs d'artichauts

Prép. : 1 nuit pour la marinade + 40 min. Cuiss. : 50 mn.
4 pers.

4 darnes de lotte / 8 artichauts / 200 g. de petits pois écossés / 4 carottes.
Pour la marinade : *1/2 l. de vin blanc / 1 oignon émincé / 2 gousses d'ail écrasées / 1 petit bouquet de coriandre hachée / 1 cuillerée à café de cumin en poudre / Le jus d'1 citron.*
Pour la cuisson : *2 oignons émincés / 3 piments doux ou un poivron vert épépinés et coupés en rondelles / 20 cl. de liquide de la marinade / 1 jaune d'œuf.*
Pour servir : *Quelques feuilles de coriandre / Sel, poivre.*

Mélanger les éléments de la marinade. Immerger les morceaux de lotte et mettre au frais pendant une nuit.

Le lendemain, couper la tige des artichauts et un peu les feuilles. Les laver et les placer dans le compartiment vapeur. Saler et cuire 35 minutes. Après cuisson enlever les feuilles des artichauts et le foin. Conserver les cœurs au chaud.

Faire cuire les petits pois et les carottes 15 minutes à la vapeur.

Placer les oignons et les piments à la vapeur pendant 5 minutes (les poivrons 10 minutes). Ensuite les disposer sur une feuille d'aluminium. Poser dessus les morceaux de lotte. Arroser de la marinade. Faire une papillote. La placer à la vapeur et cuire 15 minutes.

Après cuisson du poisson, disposer sur un plat de service les morceaux de lotte. Recueillir la sauce de la papillote dans une casserole. La porter sur le feu et faire réduire de moitié.

Hors du feu, ajouter le jaune d'œuf. Remettre sur feu très doux pour faire épaissir, sans laisser bouillir.

Servir la lotte entourée des artichauts garnis de petits pois, des rondelles de carottes, nappée de sauce et parsemée de feuilles de coriandre.

Maquereaux aux groseilles

Prép. : 30 mn. Cuiss. : 35 mn.
4 pers.

500 g. de groseilles à maquereau / 1/2 verre d'eau / 1 cuillerée à café de maïzena / 50 g. d'épinards / 8 maquereaux de 200 g. env. / Le jus d'un citron / 4 cuillerées à soupe de vin blanc sec / 1 oignon émincé / Persil / 1 cuillerée à soupe d'estragon haché / 1/2 cuillerée à soupe de pimprenelle hachée / Sel, poivre.

Laver les feuilles d'épinards. Les saler et les poivrer. Les cuire à la vapeur 15 minutes. Après cuisson les presser et les hacher.

Cuire les groseilles à maquereau à la vapeur 10 minutes. Les verser ensuite dans une casserole. Mettre sur feu doux. Ajouter la maïzena délayée dans l'eau et porter à ébullition 1 minute en remuant. Saler et poivrer très légèrement.

Au moment de servir, incorporer les épinards. Bien mélanger. Rectifier l'assaisonnement.

Après avoir vidé les poissons, les éponger et les frotter de sel et de poivre. Les placer deux par deux sur 4 feuilles d'aluminium. Les arroser de jus de citron, de vin blanc. Répartir l'oignon, l'estragon, du persil haché, la pimprenelle. Poser une noix de beurre. Faire des paquets. Cuire à la vapeur 15 minutes.

Servir les maquereaux parsemés de brins de persil et accompagnés de la sauce aux groseilles.

Filets de merlans en paupiettes

Prép. : 15 mn. Cuiss. : 22 mn.
4 pers.

4 filets de merlan / 2 œufs / 50 g. de mie de pain / 1/2 verre de lait / 40 g. de beurre / 1 cuillerée à soupe de persil haché / 600 g. de petites pommes de terre fermes (bf 15) / Sel, poivre.

Faire cuire les œufs durs dans le compartiment à eau pendant 10 minutes. Enlever la coquille et les écraser.

Tremper la mie de pain dans le lait tiède. Mélanger les œufs, le pain, le persil, le sel, le poivre.

Etaler le mélange sur les filets de merlans. Les rouler sur eux-mêmes, les ficeler et les ranger dans un plat à gratin. Couvrir d'un papier d'aluminium. Placer le plat dans le compartiment vapeur. Laisser cuire 10 minutes.

Placer les pommes de terre pelées dans un compartiment. Cuire 20 minutes.

Servir le poisson sur les pommes vapeur, arrosées de beurre et parsemées de persil.

Saumon aux crevettes et aux crosnes

Prép. : 40 mn. Cuiss. : 60 mn.
4 pers.

1 morceau de saumon frais d'1 kg. / 1 bouquet de persil / thym / 1 kg. de crosnes / 2 cuillerées à soupe d'un mélange de persil, d'estragon, et de cerfeuil hachés / 1 cuillerée à soupe de maïzena / 2 cuillerées à soupe d'eau froide / 1 dl. de crème fraîche / Sel, poivre / 12 crevettes cuites / 2 citrons en rondelles.
Court-bouillon : *1 lit. de vin blanc sec / 1 verre de vinaigre / Le jus de 2 citrons / 1 oignon piqué d'un clou de girofle / 1 carotte en rondelles / 1 blanc de poireau coupé en rondelles / céleri-branche coupé en tronçons.*

Dans le compartiment inférieur du cuit-vapeur, mettre les ingrédients du court-bouillon. Porter à ébullition 10 minutes.

Saler, poivrer et huiler le poisson. Le déposer dans un compartiment sur des brindilles de thym et de persil. Cuire 30 minutes. Vérifier la cuisson.

Nettoyer les crosnes et les frotter de gros sel. Enlever la peau fine. Les laver. Les cuire à la vapeur 15 minutes. Disposer les crosnes et le saumon sur un plat. Arroser les crosnes du jus d'un citron et les parsemer de fines herbes. Garder au chaud.

Eliminer l'oignon et le clou de girofle du court-bouillon et le faire réduire à feu vif jusqu'à 20 cl. environ. Verser la maïzena diluée avec l'eau et laisser épaissir 1 minute. Passer au mixer, ajouter la crème et donner un bouillon.

Décortiquer les crevettes et les arroser du jus d'un citron. Servir le saumon accompagné des crosnes, nappé d'un peu de sauce (présenter le reste en saucière) et garnir de crevettes et de rondelles de citron.

Darnes de saumon au fenouil

Prép. : 35 mn. Cuiss. : 30 mn.
4 pers.

4 darnes de saumon frais / 4 bulbes de fenouil et leurs feuilles / Persil / 1 feuille de laurier / 10 cl. de vin blanc sec / 2 cuillerées à soupe de madère / 1 jus de citron / 40 g. de beurre fondu / 1 cuillerée à soupe de maïzena / 2 cuillerées à soupe d'eau froide / Sel, poivre.

Nettoyer les fenouils. Les couper en quatre, les saler et poivrer. Les faire cuire 20 minutes à la vapeur.

Poivrer et saler les darnes de saumon. Les disposer sur une feuille d'aluminium. Poser sur chacune un bouquet de persil et fenouil, 1 morceau de laurier. Arroser de vin blanc, de madère et de jus de citron. Faire une papillote et la faire cuire à la vapeur 12 minutes.

Disposer sur un plat les darnes de saumon et les bulbes de fenouil. Arroser de beurre. Garder au chaud.

Recueillir la sauce de la papillote. Ajouter la maïzena délayée à l'eau. Porter à ébullition 1 minute en remuant.

Servir les darnes de saumon nappées de sauce, parsemées de fenouil et de persil finement ciselés.

Truites à la bourguignonne

Prép. : 25 mn. Cuiss. : 25 mn.
4 pers.

3 truites vivantes / 8 échalotes hachées fin / 200 g. de morilles nettoyées et coupées en morceaux / 1 gousse d'ail écrasée / Persil / Thym / 1 dl. de vin rouge / 2 dl. de crème / 1 citron / Sel, poivre.

Assommer les truites. Les vider, les laver, les essuyer. Saler, poivrer. Les disposer sur 1 feuille de papier sulfurisé dans le compartiment vapeur. Poser dessus les échalotes, les morilles, l'ail, du persil, du thym. Arroser de vin, fermer en papillote et cuire 18 minutes. Vérifier la cuisson. Eliminer les brins de persil et de thym.

Disposer les truites sur un plat. Recueillir la sauce et les champignons et les faire réduire jusqu'à bonne consistance. Ajouter la crème, donner un bouillon.

Servir les truites nappées de sauce et accompagnées de quartiers de citron.

Truites au bleu

Prép. : 20 mn. Cuiss. : 20 mn.
4 pers.

3 truites vivantes de 200 g. environ / 2,5 cl. de vinaigre / 1/2 lit. de vin blanc sec / 1 citron en tranches / 40 g. de beurre / Sel, poivre, thym.

Préparer dans le compartiment inférieur du cuit-vapeur un court-bouillon avec 1 lit. 1/2 d'eau et 1/2 lit. de vin blanc.

Porter le vinaigre à ébullition.

Assommer les truites. Les vider, les laver et les placer dans un plat creux. Les arroser de vinaigre bouillant (elles deviennent beu-azur). Les placer dans le compartiment vapeur. Saler, poivrer, parsemer de thym et faire cuire 15 à 20 minutes selon la grosseur.

Servir les truites nappées de beurre fondu, entourées de tranches de citron.

Turbot aux algues

Prép. : 40 mn. Cuiss. : 30 mn.
4 pers.

1 turbot d'1 kg. environ / 1 grosse poignée d'algues /Le jus d'un citron / 3 tomates mûres / 1 gousse d'ail écrasée / 1 cuillerée à café de moutarde douce / 1 cuillerée à soupe de vinaigre de vin / 3 cuillerées à soupe d'huile d'olive / 2 cuillerées à soupe de cerfeuil / 2 cuillerées à soupe de persil / 1 cuillerée à soupe de basilic / Sel, poivre.
Pour servir : *Quelques brins de persil.*

Nettoyer et laver le poisson. L'arroser de jus de citron.

Etendre les algues sur un linge dans un compartiment après les avoir bien lavées. Poser dessus le poisson salé et poivré. Cuire 30 minutes.

Passer les tomates 2 minutes à la vapeur. Les peler, les presser et les concasser, ajouter l'ail, la moutarde, le vinaigre, l'huile et les fines herbes. Laisser cuire doucement 5 minutes. Garder au chaud.

Vérifier la cuisson du poisson en plantant une aiguille à tricoter. Elle doit s'enfoncer sans résistance jusqu'à l'arête.

Après la cuisson, sortir le poisson en le soulevant avec le linge. Inciser la peau et la retirer. Disposer le poisson sur un plat de service. Garder au chaud.

Servir le turbot nappé de sauce et parsemé de persil haché.

Rosbif braisé aux champignons

Prép. : 15 mn. Cuiss. : 1 h.
4 pers.

800 g. d'aloyau / 30 g. d'huile / 1 oignon en lamelles / 1 branche de thym / 400 g. de champignon de Paris / Sel, poivre / Carottes à la crème (p. 72)

Frotter la viande de poivre. La faire dorer rapidement à l'huile sur toutes ses faces, la saler. Placer la viande sur une feuille d'aluminium.

Faire revenir les champignons lavés et émincés. Les ajouter au rosbif avec l'oignon et le thym. Former une papillote et la déposer dans le compartiment vapeur. Laisser cuire 1 heure.

Servir le rosbif aux champignons coupé en tranches dans un plat chaud accompagné de carottes à la crème.

Filet à l'anglaise

Prép. : 10 mn. Cuiss. : 25 mn.
4 pers.

800 g. de faux-filet / 30 g. de beurre / Sel, poivre / 1 pot de 100 g. de raifort râpé (dans le commerce).

Poivrer et saupoudrer le rôti de thym. Le placer dans le compartiment vapeur. Cuire 15 minutes. Saler.

Mettre le rôti dans un plat allant au four. Faire dorer 10 minutes dans le four préchauffé th. 8.

Servir le rosbif à l'anglaise coupé en belles tranches accompagné de raifort râpé.

Marmite péruvienne

Prép. : 40 mn. Cuiss. : 55 mn.
4 pers.

200 g. de rumsteack / 2 cuisses de poulet coupées en deux / 200 g. de collier d'agneau / 1 dl. d'huile / 1 oignon en rondelles / 1 gousse d'ail / 2 carottes en rondelles / 20 cl. de bouillon de poule / 285 g. de maïs en grains / 280 g. de pois chiches / 400 g. de patates douces coupées en dés / Coriandre / Sel, poivre.

Enlever la peau du poulet. Dans une poêle avec l'huile faire revenir les viandes coupées en dés. Saler et poivrer.

Tapisser un compartiment vapeur d'aluminium. Y déposer la viande, l'oignon, l'ail, les carottes et le bouillon. Cuire 30 minutes.

Ajouter le maïs, les pois chiches, les patates douces, quelques brins de coriandre. Saler, poivrer, pimenter selon le goût. Continuer la cuisson 25 minutes.

Servir bien chaud parsemé de feuilles de coriandre.

Goulash gourmet

Prép. : 20 mn. Cuiss. : 1 h. 15 mn.
4 pers.

800 g. de paleron coupé en morceaux / 2 cuillerées d'huile / 3 oignons émincés / 200 g. de poitrine fumée / 200 g. de champignons de Paris émincés / 1 ou 2 cuillerées à café de paprika / 1/2 verre de madère / 2 verres d'eau / 1 cuillerée à café de maïzena / Sel, poivre.

Faire revenir les cubes de viande à l'huile. Saler, poivrer, les mettre cuire 1 heure à la vapeur.

Faire blondir les oignons, ajouter la poitrine fumée coupée en dés, les champignons, le paprika, le madère, l'eau. Saler, poivrer. Laisser frémir 10 minutes, mettre la viande, et laisser mijoter 10 minutes. Diluer la maïzena dans une cuillerée à soupe d'eau, l'ajouter à la sauce et faire épaissir en remuant.

Servir le goulash gourmet bien chaud.

Paleron aux galettes d'Amazonie

Prép. : 30 mn. Cuiss. : 1 h.
4 pers.

800 g. de paleron (bœuf) coupé en dés / 50 g. de farine pour la viande / 3 cuillerées à soupe d'huile / 10 cl. de bouillon de viande / 10 cl. de bière blonde / 1 cuillerée à café de sucre en poudre / 1 pincée de noix de muscade / 40 g. de raisins secs / 100 g. de champignons de Paris en lamelles / 1 branche de céleri effilée et coupée en tranches / 1 carotte coupée en rondelles / 1 gousse d'ail écrasée / 6 bananes les plus vertes possible / 1 œuf entier /60 g. de farine / 1 cuillerée à soupe de persil haché / 40 g. de beurre / Sel, poivre, piment en poudre (facultatif).

Saler, poivrer et pimenter la viande, la rouler dans la farine et la faire revenir à l'huile. Lorsqu'elle est dorée, la disposer sur une feuille d'aluminium.

Verser le reste de farine dans la poêle et la faire roussir en remuant. Arroser du bouillon et de la bière. Répartir sur la viande avec le sucre, la noix de muscade, les raisins secs, les champignons, le céleri, la carotte, l'ail. Saler et poivrer. Fermer en papillote. Cuire à la vapeur 1 heure.

Couper les deux extrémités des bananes. Les placer dans l'autre compartiment vapeur. Cuire 8 minutes. Après cuisson, éplucher les bananes et les écraser. Mélanger avec le persil, 60 g. de farine et l'œuf. Saler, poivrer et pimenter. Confectionner des galettes et les faire dorer dans le beurre.

Servir nappé de sauce et accompagné des galettes d'Amazonie.

Cœur de veau au paprika doux

Prép. : 20 mn. Cuiss. : 50 mn.
4 pers.

1 cœur de veau / 5 cl. d'huile d'olive / 1 oignon émincé / 2 cuillerées à soupe de farine / 1 cuillerée à soupe de paprika doux / 10 cl. de bouillon de viande / 10 cl. de vin blanc sec / 200 g. de champignons de Paris émincés / 300 g. de petits oignons grelots / 1 branche de thym / 1 feuille de laurier / Sel, poivre.
Pour servir :*1 cuillerée à soupe de persil haché / 2 cuillerée à soupe de paprika doux / 1 gousse d'ail hachée.*

Laver et couper le cœur en gros dés. L'essuyer, le faire revenir avec l'huile et l'oignon 5 minutes en remuant.

Saupoudrer de farine mélangée au paprika. Remuer, ajouter le bouillon, le vin blanc, le thym et le laurier. Saler, poivrer, laisser mijoter 3 minutes.

Tapisser un compartiment vapeur d'aluminium. Y verser le mélange. Laisser cuire 30 minutes. Introduire ensuite les champignons et les petits oignons. Saler et poivrer peu. Prolonger la cuisson 10 minutes.

Eliminer le laurier et le thym.

Servir le cœur de veau nappé de sauce, parsemé du mélange de persil haché, de paprika et d'ail.

Blanquette de veau

Prép. : 20 mn. Cuiss. : 1 h. 30 mn.
4 pers.

800 g. de blanquette de veau / 200 g. de champignons de Paris / 1 pincée de noix de muscade / 2 cuillerées à soupe de persil haché / 1 gousse d'ail écrasée / 2 oignons émincés / 2 dl. de crème fraîche / 2 œufs / 20 g. de farine / 30 g. de beurre / Le jus d'un demi-citron / 1/4 lit. de vin blanc sec / Sel, poivre.

Mettre la viande sur une grande feuille d'aluminium. Ajouter les oignons, les champignons, l'ail, la crème fraîche, le persil, la noix de muscade. Saler et poivrer. Faire un paquet et cuire à la vapeur 1 heure. Verser le contenu de la papillote dans un plat chaud.

15 minutes avant la fin de la cuisson de la viande, faire un roux avec le beurre et la farine, mouiller avec 1/4 lit. d'eau et le vin, remuer. Saler, poivrer, laisser épaissir 10 minutes en remuant de temps en temps.

Hors du feu, ajouter les jaunes d'œufs et le jus de citron à la préparation. Verser sur la viande et servir la blanquette saupoudrée de persil haché.

Escalopes de veau à l'armagnac

Prép. : 35 mn. Cuiss. : 45 mn.
4 pers.

4 escalopes de veau / 8 pruneaux / 250 g. de champignons de Paris / 2 échalotes hachées / 1 cuillerée d'huile / 1 dl. de crème / 4 cuillerées à soupe d'armagnac / 1 cuillerée à soupe de persil haché / Sel, poivre.

Faire cuire les pruneaux 20 minutes à la vapeur.

Nettoyer les champignons, les émincer. Les placer à la vapeur 10 minutes. A côté, mettre les échalotes 1 minute.

Faire dorer les escalopes à l'huile. Saler, poivrer, les disposer sur une feuille d'aluminium. Répartir dessus les champignons, les échalotes, la crème, l'armagnac, les pruneaux. Saler et poivrer légèrement. Cuire à la vapeur 15 minutes. Récupérer la sauce.

Servir les escalopes dans un plat chaud nappées de sauce et parsemées de persil haché.

Paupiettes aux champignons

Prép. : 20 mn. Cuiss. : 35 mn.
4 pers.

4 escalopes fines de veau / 100 g. de champignons de Paris émincés / 1 oignon haché / 6 échalotes hachées / 1 gousse d'ail écrasée / 2 cuillerées à soupe de persil haché / 4 cuillerées d'huile / 4 cuillerées à soupe de vin blanc sec / 1 carotte / Sel.

Faire revenir l'oignon et les champignons avec 2 cuillerées d'huile pendant 10 minutes. Saler, ajouter le persil, l'ail, mélanger. Répartir le mélange sur les escalopes, les rouler et les ficeler.

Faire revenir les paupiettes dans le reste d'huile, ajouter les échalotes, la carotte en rondelles, laisser dorer 5 minutes. Mouiller avec le vin, réduire et répartir dans quatre feuilles d'aluminium. Faire des paquets et les cuire 25 minutes à la vapeur. Déficeler les paupiettes.

Servir la viande dans un plat creux, nappée de la sauce, parsemée de persil.

Noix de veau sauce piquante

XXX ∞

Prép. : 25 mn. Cuiss. : 35 mn.
4 pers.

800 g. de noix de veau / 2 oignons émincés / 1 cuillerée à soupe de farine / 30 g. d'huile / 10 cl. de vin blanc sec / 1 cuillerée à soupe de vinaigre / 6 cornichons en rondelles / 1/2 cuillerée à café d'extrait de viande / 150 g. de gruyère / 8 tranches de bacon / Sel, poivre.

Frotter la viande de sel et de poivre. L'envelopper dans une feuille d'aluminium avec 1 oignon. Faire un paquet et cuire à la vapeur 35 minutes.

Faire blondir un oignon dans l'huile, ajouter la farine, remuer une minute, mouiller avec le vin en remuant, porter à ébullition et laisser cuire doucement 10 minutes. Y verser le vinaigre, le jus de la viande, les cornichons, l'extrait de viande. Vérifier l'assaisonnement.

Couper la viande en tranches. Les placer dans un plat à gratin. Poser sur chaque tranche une tranche de bacon et des lamelles de gruyère. Passer 2 minutes sous le gril (le fromage doit fondre).

Servir très chaud nappé de sauce piquante.

Rôti de veau à la crème

XX ∞

Prép. : 20 mn. Cuiss. : 35 mn.
4 pers.

800 g. de veau dans le carré couvert / 1 carotte / 3 oignons émincés / 30 g. d'huile / 200 g. de champignons de Paris / 2 dl. de crème fraîche / Sel, poivre.

Faire dorer à l'huile la viande sur toutes ses faces. La poser sur une feuille d'aluminium.

Faire revenir les oignons. Quand ils sont blonds, ajouter les champignons et la carotte émincés, la crème, saler, poivrer. Verser sur le rôti et l'envelopper dans le papier aluminium, le placer à la vapeur. Cuire 35 minutes. Après cuisson déficeler la viande.

Servir le rôti de veau à la crème coupé en tranches fines, nappé de sauce.

Cervelles d'agneau à l'estragon

XXX O

Prép. : 20 mn. Trempage 2 h.
Cuiss. : 30 mn.
4 pers.

4 cervelles d'agneau / 200 g. de lard maigre coupé en petits dés / 8 échalotes hachées / 2 carottes coupées en lanières / 1 bouquet de persil / 2 branches d'estragon effeuillées plus une branche entière pour servir / Le jus d'un citron / 10 cl. de vin blanc sec / 1 cuillerée à café d'extrait de viande / 10 cl. d'eau / 1 cuillerée à soupe de maïzena / 1 cuillerée à soupe d'eau froide / Sel, poivre.

Faire tremper les cervelles à l'eau fraîche 2 heures en renouvelant l'eau deux ou trois fois ; les fendre et débarrasser les cavités du sang caillé. Les laver. Les éponger et les piquer régulièrement de fins lardons. Les disposer sur une feuille d'aluminium.

Passer les échalotes 2 minutes à la vapeur. Les poser sur les cervelles.

Préparer les carottes et les cuire 15 minutes à la vapeur. Les disposer sur les échalotes. Ajouter le bouquet de persil, l'estragon, le jus de citron, le vin blanc, l'extrait de viande dilué dans l'eau. Saler et poivrer. Fermer le papier hermétiquement et le placer dans le compartiment vapeur. Cuire 10 minutes.

Après cuisson disposer les cervelles sur un plat tenu au chaud. Eliminer le persil. Recueillir la sauce, ajouter la maïzena délayée dans l'eau. Porter à ébullition et maintenir 1 minute.

Servir les cervelles nappées de sauce et parsemées de feuilles d'estragon.

Foie d'agneau à l'italienne

Prép. : 10 mn. Cuiss. : 10 mn.
4 pers.

4 tranches de foie d'agneau / 200 g. de lard maigre coupé en dés / 2 oignons émincés / 250 g. de champignons de couche émincés et arrosés du jus d'un citron / 50 g. de farine / 3 cuillerées à soupe d'huile d'olive / 20 cl. de vin blanc sec / 1 cuillerée à soupe de persil haché / 1 cuillerée à soupe de feuilles d'estragon / 4 brindilles de thym / Sel, poivre, piment (facultatif) / Estragon.

Passer à la vapeur le lard, les oignons et les champignons salés et poivrés pendant 10 minutes.

Mélanger la farine, le sel, le poivre, le piment selon son goût. Y passer les tranches de foie et les faire dorer dans une poêle avec l'huile. Les déposer sur 4 feuilles d'aluminium. Répartir dessus le lard, les oignons, les champignons, le vin, le persil, l'estragon, une brindille de thym. Faire des paquets en forme de papillotes. Les cuire à la vapeur 10 minutes. Après cuisson éliminer le thym.

Servir le foie d'agneau à l'italienne dans les papillotes nappé de sauce et parsemé de feuilles d'estragon.

Côtelettes d'agneau aux asperges

Prép. : 15 mn. Cuiss. : 20 mn.
4 pers.

4 côtelettes d'agneau dans le faux-filet / 1 botte d'asperges / Sel, poivre, thym / 40 g. d'huile / 1 oignon émincé / 50 g. de beurre.

Faire dorer les côtelettes d'agneau dans l'huile. Ajouter les oignons et les faire blondir. Poser les côtelettes sur une feuille d'aluminium. Saler, poivrer, parsemer de thym, poser les oignons dessus et les envelopper. Cuire à la vapeur 20 minutes.

Peler les asperges, les lier en botte. Les placer dans le compartiment vapeur. Saler, poivrer, laisser cuire 20 minutes. Déficeler les asperges après cuisson.

Servir dans un plat très chaud les côtelettes d'agneau arrosées de leur sauce et accompagnées des asperges arrosées de beurre fondu.

Côtelettes d'agneau au paprika

Prép. : 15 mn. Cuiss. : 25 mn.
4 pers.

4 côtelettes d'agneau / 2 oignons émincés / 200 g. de crème fraîche / 200 g. de champignons de Paris émincés / 1 cuillerée à soupe de persil haché / Sel / 1 cuillerée à soupe de paprika.

Dans un plat en terre à feu beurré, placer les côtelettes, les parsemer d'oignons, de champignons, couvrir d'un papier d'aluminium. Cuire à la vapeur 15 minutes.

Mélanger la crème fraîche et le paprika. Verser sur les côtelettes. Saler. Prolonger la cuisson à la vapeur 10 minutes.

Servir les côtelettes au paprika directement dans le plat de cuisson, parsemées de paprika et de persil haché

Couscous algérois

Prép. : 55 mn. Cuiss. : 80 mn.
4 pers.

800 g. de collier de mouton / 450 g. de couscous moyen / 3 cuillerées à soupe d'huile / 500 g. de tomates pelées et concassées / 500 g. de courgettes non pelées et coupées en morceaux / 200 g. de carottes coupées en rondelles / 300 g. de navets coupés en morceaux / 2 poivrons verts coupés en lamelles / 1 oignon / 1 bouquet de persil / 1 gousse d'ail écrasée / 1 clou de girofle / 20 + 60 g. de beurre fondu / 1 petite boîte de pois chiches / 1 tube de harissa / Sel, poivre.

Faire revenir la viande avec l'huile. Saler, poivrer, saupoudrer de thym. Cuire 40 minutes à la vapeur.

Placer les légumes lavés dans l'autre compartiment, le bouquet de persil, le clou de girofle piqué dans l'oignon entier. Saler et poivrer. Cuire 25 minutes.

Dans 80 cl. d'eau en ébullition, plonger la viande et les légumes cuits. Ajouter les pois chiches. Réduire le feu et laisser mijoter 15 minutes. Eliminer l'oignon, le clou de girofle et le persil.

Mettre la semoule dans un plat creux, l'humecter avec 30 cl. d'eau très salée, la laisser gonfler. Beurrer le compartiment vapeur et y placer la semoule. La faire cuire jusqu'à ce que la vapeur s'échappe abondamment de la surface des grains.

Verser la semoule dans le plat creux, l'égrener à la main ou à la fourchette. L'arroser de 15 cl. d'eau tiède. Lorsque l'eau est absorbée, verser 60 g. de beurre fondu sur la semoule et mélanger. La remettre à cuire jusqu'à ce que la vapeur s'échappe à nouveau à la surface.

Prélever une tasse de bouillon et délayer une cuillerée à soupe de harissa. Servir la sauce piquante en saucière, la semoule présentée en dôme et accompagnée des légumes, de la viande et de la sauce piquante.

Epaule d'agneau farcie

Prép. : 25 mn. Cuiss. : 25 mn.
4 pers.

1,2 kg. d'épaule désossée / 500 g. de carottes / 500 g. de poireaux / 2 oignons / 1 clou de girofle / Thym, laurier, estragon, sel / 350 g. de chair à saucisse / 1 œuf / Fines herbes / Sel, poivre / Moutarde / Cornichons / Raifort râpé.

Mélanger la chair à saucisse , l'œuf et quelques herbes aromatiques. Saler, poivrer, étaler sur l'épaule. Rouler la viande et la ficeler solidement. L'envelopper dans une feuille d'aluminium. Cuire à la vapeur 50 minutes.

Couper les légumes et les placer dans le compartiment à vapeur. Piquer le clou de girofle sur un morceau d'oignon. Ajouter le laurier et le thym. Saler, poivrer. Cuire 20 minutes.

Servir l'épaule d'agneau froide, coupée en tranches, accompagnée de moutarde, de cornichons, de raifort et entourée des légumes chauds.

Ragoût à l'irlandaise ✕✕✕ ○○○

Prép. : 40 mn. Cuiss. : 1 h. 30 mn
4 pers.

800 g. d'épaule d'agneau en morceaux / 3 oignons émincés / 1 carotte coupée en rondelles / 1 blanc de poireau coupé en rondelles / 2 navets blancs épluchés et coupés en morceaux / 2 branches de céleri effilées et coupées en tronçons / 2 grosses pommes de terre épluchées et coupées en cubes et 8 petites entières et épluchées / 20 cl. de bouillon de viande / 1 bouquet de persil / 1 branche de thym / 1 feuille de laurier / 1 cuillerée à soupe de maïzena / 1 cuillerée à soupe d'eau froide / 2 dl. de crème fraîche / 2 cuillerées à soupe de persil haché / Sel, poivre.

Passer la viande 20 minutes à la vapeur.

Nettoyer, laver et couper les légumes. Conserver les petites pommes de terre. Sur une feuille d'aluminium déposer une couche de légumes, une couche de viande et terminer par une couche de légumes. Saler et poivrer.

Relever les bords de la feuille d'aluminium. Répartir le bouillon. Ajouter le bouquet de persil, le thym, le laurier. Fermer hermétiquement le paquet et le placer dans le compartiment vapeur. Cuire à la vapeur 1 heure 10 minutes.

Mettre cuire les pommes de terre entières à la vapeur 20 minutes.

Avant de servir, disposer la viande et les légumes dans un plat tenu au chaud. Eliminer le persil, le thym et le laurier. Recueillir la sauce de la papillote, la porter sur le feu, y verser la maïzena délayée à l'eau. Porter à ébullition et maintenir une minute en remuant. Ajouter la crème, le persil haché.

Servir bien chaud nappé de sauce.

Jambon blanc aux bananes

Prép. : 10 mn. Cuiss. : 10 mn.
4 pers.

4 bananes bien mûres / 4 tranches de jambon blanc / 2 dl. de crème fraîche fluide / 100 g. de gruyère râpé / 50 g. de noisettes concassées / 50 g. de raisins de Corinthe / 1 pincée de muscade râpée / Sel, poivre.

Eplucher les bananes. Les enrouler chacune dans une tranche de jambon. Les ranger dans un plat à gratin.

Mélanger la crème fraîche, 60 g. de gruyère râpé, les noisettes, les raisins secs, la noix de muscade. Saler, poivrer. Verser la préparation sur les bananes au jambon. Couvrir d'un papier aluminium. Cuire à la vapeur 10 minutes.

Saupoudrer du reste de gruyère râpé, faire dorer sous le gril chaud 3 minutes.

Servir très chaud.

Saucisses au chou

Prép. : 35 mn. Cuiss. : 1 h. 25 mn.
4 pers.

1 lit. de vin rouge / 1 chou rouge de 700 g. / 2 pommes reinettes / Le jus d'un citron / 1 oignon en rondelles / 1 gousse d'ail écrasée / 3 cuillerées à soupe de vinaigre de vin / 1 cuillerée à café de cumin en poudre / 1 pincée de noix de muscade en poudre / 4 saucisses sèches de Montbéliard / Sel, poivre / 1 pomme reinette évidée et coupée en rondelles épaisses / 30 g. de beurre / 1 cuillerée à café de sucre.

Mettre le vin dans le compartiment inférieur du cuit-vapeur. Compléter avec de l'eau.

Effeuiller le chou, enlever les grosses côtes, le laver et le couper en fines lamelles.

Couper les pommes en quartiers et les citronner. Mettre le chou et les pommes dans le compartiment vapeur. Ajouter l'oignon, l'ail, le vinaigre, le cumin, la noix de muscade. Saler, poivrer. Cuire 45 minutes. Mettre les saucisses dans le chou. Cuire 35 minutes.

Faire dorer au beurre les rondelles de pommes sucrées jusqu'à ce qu'elles soient un peu caramélisées.

Disposer les saucisses sur le chou avec les pommes.

Palette de porc aux oranges

XX O

Prép. : 35 mn. Cuiss. : 1 h. 35 mn.
4 pers.

800 g. de palette de porc fraîche / 1 cuillerée à soupe d'huile / 2 carottes coupées en rondelles / 1 dl. de cognac / 1 dl. de vin blanc sec / 1 branche de céleri effilée et coupée en tranches / 2 oranges / 1 cuillerée à soupe de maïzena / 1 orange épluchée et coupée en rondelles / Quelques feuilles de cresson / Sel, poivre.

Faire revenir à l'huile les carottes et la viande. Lorsqu'elles sont bien dorées, arroser du cognac et flamber. Ajouter le vin blanc, le céleri. Saler et poivrer. Placer la viande sur une feuille d'aluminium, fermer hermétiquement. Cuire à la vapeur 1 heure 30 minutes.

Disposer la palette sur un plat tenu au chaud.

Recueillir la sauce de la papillote, ajouter le jus d'orange, la maïzena délayée avec 1 cuillerée d'eau. Porter à ébullition 1 minute en remuant, introduire l'orange coupée en rondelles. Laisser mijoter 5 minutes.

Servir la palette découpée en tranches épaisses, nappée de sauce, garnie de feuilles de cresson.

Filet de porc aux pommes

XX O

Prép. : 20 mn. Cuiss. : 45 mn.
4 pers.

800 g. de filet de porc / 3 cuillerées à soupe d'huile / 2 oignons en lamelles / 1 gousse d'ail / Thym, sel, poivre / 800 g. de pommes de terre / Persil.

Une demi-heure avant la cuisson, badigeonner le rôti d'huile, le poivrer, le frotter de thym et d'ail. Le faire cuire 45 minutes à la vapeur.

20 minutes avant la fin de la cuisson, placer les pommes de terre dans l'autre compartiment. Saler la viande. Lorsque la cuisson est terminée, faire dorer le rôti 10 minutes dans le four th. 8.

Servir sur un plat chaud les tranches de viande entourées de pommes vapeur saupoudrées de persil haché.

Porc aux champignons

Prép. : 15 mn. Cuiss. : 50 mn.
4 pers.

800 g. de filet de porc désossé et ficelé / 400 g. de champignons de Paris émincés et citronnés / 2 dl. de crème fraîche / 2 oignons émincés / 40 g. d'huile / 1 carotte en rondelles / Sel, poivre, laurier / 1 kg. de pommes de terre.

Frotter le rôti avec du sel, du poivre, du thym. Le faire dorer dans une poêle avec l'huile. Le poser sur une feuille d'aluminium. Ajouter les oignons, les champignons, la carotte, une feuille de laurier, la crème et faire un paquet. Cuire à la vapeur 50 minutes.

Faire cuire les pommes de terre pelées, à la vapeur.

Servir le rôti de porc coupé en tranches, nappé de la sauce et accompagné des pommes vapeur.

Echine de porc aux oignons

Prép. : 45 mn. Cuiss. : 90 mn.
4 pers.

800 g. d'échine de porc coupée en morceaux / 800 g. d'oignons hachés fin / 2 carottes coupées en rondelles / 1 branche de céleri effilée et coupée en tranches / 3 cuillerées à soupe de chapelure / 4 brindilles de thym / 2 feuilles de laurier coupées en deux / Persil / 2 dl. de bière / 1 cuillerée à soupe de persil haché / Sel, poivre.

Sur une feuille de papier aluminium répartir les oignons, les morceaux de viande, ajouter les carottes, le céleri, la chapelure, le thym, le laurier, le persil. Saler et poivrer légèrement. Arroser de bière. Fermer hermétiquement et faire cuire à la vapeur 90 minutes.

Après cuisson disposer la viande sur un plat tenu au chaud. Eliminer le thym, le laurier et le persil. Recueillir la sauce de la papillote et la faire épaissir.

Napper la viande de sauce et parsemer de persil.

Canard aux olives

Prép. : 10 mn. Cuiss. : 55 mn.
4 pers.

1 caneton de 1,200 kg. / 2 oignons émincés / 200 g. d'olives vertes / 200 g. de champignons de Paris émincés et citronnés / Sauce béarnaise / Jardinière de légumes.

Disposer le canard sur une feuille d'aluminium. Ajouter les olives, les oignons, les champignons, saler et poivrer. Fermer et cuire à la vapeur 55 minutes.

Servir sur un plat chaud les morceaux de canard nappés de leur jus accompagnés d'une jardinière de légumes.

Filets de dinde à l'orientale

Prép. : 30 mn. Cuiss. : 30 mn.
4 pers.

4 filets de dinde / 2 oignons émincés / 1 carotte coupée en rondelles / 1 poivron rouge et 1 poivron vert coupés en lamelles / 50 g. de farine / 3 cuillerées à soupe d'huile d'olive / 40 g. de raisins de Corinthe / 1 branche de céleri effilée et coupée en lamelles / 1 gousse d'ail écrasée / 1 pincée de noix de muscade / 1 cuillerée à soupe de coriandre hachée / 20 cl. de bouillon de poule / Sel, poivre, piment en poudre (facultatif) / Quelques feuilles de coriandre / 1 citron.

Passer à la vapeur la carotte, les poivrons et l'oignon 10 minutes.

Saler, poivrer, pimenter la farine. Y passer les filets de dinde et les faire dorer dans le poêle avec l'huile.

Les disposer sur une feuille d'aluminium.

Poser dessus les oignons, les poivrons, les raisins secs, le céleri, la carotte, l'ail, la noix de muscade, la coriandre. Arroser de bouillon. Saler et poivrer. Fermer hermétiquement. Cuire à la vapeur 30 minutes.

Servir les filets de dinde chauds nappés de sauce, décorés de rondelles de citron et de feuilles de coriandre.

Poussins à la crème

Prép. : 25 mn. Cuiss. : 35 mn.
4 pers.

2 poussins / Pistils de safran / 3 cuillerées à soupe d'huile / 300 g. de champignons de couche / 1 citron / 2 petits oignons émincés / 100 g. de lard maigre en très petits dés / 1 dl. de crème / 1 dl. de vin blanc sec / 2 cuillerées à soupe de cognac / 4 brins de persil / 1 cuillerée à soupe de maïzena / Ciboulette / Sel, poivre.

Couper les poussins en deux dans le sens de la longuer. Les saler, les poivrer et les faire dorer à l'huile, les disposer sur une feuille d'aluminium.

Emincer, citronner les champignons. Les cuire à la vapeur avec le lard 10 minutes et les oignons 5 minutes.

Les poser sur la viande, ajouter la crème, le safran, le vin blanc, le cognac, le persil. Saler, poivrer. Fermer hermétiquement. Cuire à la vapeur 20 minutes.

Disposer la volaille sur un plat tenu au chaud. Eliminer le persil. Recueillir la sauce de la papillote, ajouter la maïzena délayée avec 1 cuillerée d'eau froide. Porter à ébullition et la maintenir 1 minute en remuant.

Napper les poussins de sauce et parsemer de ciboulette finement ciselée.

Poulet rôti

Prép. : 15 mn. Cuiss. : 60 mn.
4 pers.

1 poulet de 1,200 kg. / 4 cuillerées à soupe d'huile / 1 gousse d'ail écrasée / 1 cuillerée à soupe de persil haché / 40 g. de beurre / Sel, poivre.

Badigeonner le poulet avec un mélange d'huile, de poivre, de sel et d'ail. Placer dans le compartiment vapeur. faire cuire 1 heure.

Avant de servir, faire dorer le poulet au beurre dans la poêle. Disposer sur un plat chaud.

Servir le poulet parsemé de persil haché.

On peut faire dorer le poulet cuit à la vapeur dans un four préchauffé th. 8, 10 minutes et l'accompagner de légumes cuits à la vapeur arrosés de beurre fondu.

Poulet à la lorraine

Prép. : 15 mn. Cuiss. : 60 mn.
4 pers.

1 poulet / 40 g. d'huile / 2 oignons émincés / 100 g. de jambon cru / 1,5 dl. de vin blanc sec / 2 cuillerées à soupe de persil haché / Sel, poivre, thym / 1 cuillerée à soupe de farine.

Frotter le poulet de sel, de poivre et de thym. Le faire cuire 1 heure à la vapeur.

10 minutes avant la fin de la cuisson du poulet, faire dorer les oignons dans une poêle. Ajouter le jambon coupé en dés, la farine, le vin blanc. Remuer jusqu'à épaississement de la sauce. Baisser le feu, laisser mijoter 10 minutes. Servir le poulet nappé de sauce et saupoudré de persil.

Accompagner éventuellement de petits pois printaniers.

Poulet aux fines herbes

Prép. : 15 mn. Cuiss. : 60 mn.
4 pers.

1 poulet en morceaux (1,200 kg.) / 100 g. de petits oignons coupés en quatre / 2 dl. de crème fraîche / 5 cl. d'huile / Sel, poivre / Persil, ciboulette et cerfeuil hachés.

Faire revenir les morceaux de poulet avec l'huile. Ajouter les oignons. Lorsqu'ils sont blonds mettre la crème fraîche et 1 verre de fines herbes hachées. Saler et poivrer. Sur une feuille d'aluminium disposer les morceaux de poulet et la sauce. Faire un paquet. Le faire cuire à la vapeur 60 minutes.

Poser le poulet sur un plat chaud. Le napper de son jus de cuisson et parsemer de cerfeuil et de persil ciselés.

Poulet menthe-citron ✗✗ ○

Prép. : 15 mn. Cuiss. : 60 mn. + 35 mn.
4 pers.

1 poulet / 1 dl. d'huile / 1 gousse d'ail / 1 cuillerée à café de coriandre / Persil / Menthe / 2 oignons / 4 cœurs d'artichauts surgelés / 1 citron confit / Sel, poivre.*

Badigeonner le poulet avec l'huile additionnée de poivre, de sel et d'ail écrasé. Faire cuire 1 heure à la vapeur.

25 minutes après le début de la cuisson du poulet, placer les artichauts dans l'autre compartiment à vapeur. Les couvrir des oignons émincés, de la coriandre, du persil, de 2 feuilles de menthe hachés, d'un peu de sel et de poivre. Laisser cuire 35 minutes.

Servir le poulet accompagné des artichauts et parsemé de lamelles d'écorce de citrons confits.

** Il s'agit de citrons salés et conservés dans de l'eau. On en trouve dans les magasins de produits exotiques.*

Poulet à la noix de coco ✗✗ ○

Prép. : 15 mn. Cuiss. : 60 mn.
4 pers.

1 poulet coupé en morceaux / 1 oignon émincé / 1 pincée de safran / 1/2 cuillerée à café de sucre / 1 verre d'eau / 100 g. de beurre de coco (magasins de produits exotiques) / Sel, poivre, piment (facultatif) / Riz créole.

Saler, poivrer et pimenter les morceaux de poulet. Le faire cuire 1 heure à la vapeur.

Faire revenir l'oignon, ajouter le safran, le sucre, le beurre de coco coupé en morceaux, le piment (facultatif), le sel, le poivre, l'eau.

10 minutes avant de servir, placer les morceaux de poulet dans la sauce. Laisser mijoter sans couvrir.

Servir le poulet accompagné du riz.

Lapin à la dijonnaise

Prép. : 20 mn. Cuiss. : 40 mn.
4 pers.

4 morceaux de lapin / 40 g. d'huile / Sel, poivre / 40 g. de beurre / 200 g. de champignons de Paris émincés / Persil / 4 échalotes hachées / 1/2 cuillerée à café de farine / 1,5 dl.de vin blanc sec / 1 cuillerée à soupe de concentré de tomate / 1 cuillerée à café d'extrait de viande / Thym, sel, poivre / Moutarde.

Faire dorer le lapin à l'huile. Saler, poivrer. Le tartiner de moutarde et le disposer sur du papier sulfurisé. Fermer et faire cuire à la vapeur 40 minutes.

Faire fondre les échalotes, les champignons. Saupoudrer de farine. Mélanger. Ajouter le vin blanc, le concentré de tomate, le thym, l'extrait de viande, saler, poivrer. Laisser mijoter 10 minutes. Hors du feu ajouter le beurre en morceaux et 1 cuillerée à soupe de persil haché.

Servir le lapin nappé de la sauce chasseur.

Lapin en gibelotte

Prép. : 25 mn. Cuiss. : 40 mn.
4 pers.

1 lapin découpé / 200 g. de poitrine fumée coupée en dés / 1 citron / 1/2 cuillerée à soupe de farine / 40 g. d'huile / 1 verre de vin blanc sec / Persil haché .
Marinade : *Persil / Laurier / 1 clou de girofle / 1 oignon émincé / 75 cl. de vin blanc sec / Sel, poivre.*

Mélanger les ingrédients de la marinade. Mettre le lapin à mariner une nuit. Le lendemain, verser le jus de la marinade dans le compartiment à eau. Saler et poivrer le lapin. Le faire cuire à la vapeur 30 minutes.

Faire revenir dans l'huile la poitrine fumée. Ajouter la farine, le vin. Laisser épaissir en remuant. Ajouter le jus de citron et le lapin. Laisser mijoter 10 minutes.

Servir après avoir parsemé de persil haché.

Lapin aux fenouils

Prép. : 20 mn. Cuiss. : 40 mn.
4 pers.

1 lapin / 1 dl. d'huile d'olive / 1 oignon émincé / 1 cuillerée à soupe d'origan émietté / 3 citrons / 150 g. d'olives vertes dénoyautées / 2 tomates pelées et concassées / 4 bulbes de fenouil / 40 g. de beurre / Persil / Sel, poivre.

Faire dorer à l'huile le lapin coupé en morceaux salés et poivrés, le disposer sur une feuille de papier d'aluminium. Répartir l'oignon, les feuilles des fenouils, le jus des citrons, les olives, les tomates. Saler et poivrer. Fermer en papillotes et faire cuire à la vapeur 40 minutes. Après cuisson, éliminer les feuilles de fenouil.

Parer les bulbes de fenouil, les couper en deux et les disposer dans l'autre compartiment. Saler, poivrer, cuire 20 minutes. Avant de servir, arroser les fenouils de beurre fondu.

Servir le lapin sur un plat chaud accompagné des légumes, nappé de sauce et parsemé de persil haché.

Carottes à la crème

Prép. : 30 mn. Cuiss. : 28 mn.
4 pers.

1 kg. de carottes / 1 oignon coupé en lamelles / 20 g. de beurre / 1 dl. de crème fraîche / 1 cuillerée à soupe de farine / Thym, sel, poivre, persil haché.

Couper les carottes en lanières dans le sens de la longueur (6 à 8 selon la grosseur). Les placer dans le compartiment à vapeur. Saupouder de thym, saler et poivrer. Laisser cuire 18 minutes.

Faire fondre l'oignon dans le beurre, lorsqu'il devient blond, saupoudrer d'une cuillerée de farine, remuer, mouiller avec un verre et demi d'eau chaude et la crème fraîche. Ajouter les carottes et laisser mijoter 10 minutes.

Servir les carottes parsemées de persil haché.

Carottes perce-neige

Prép. : 10 mn. Cuiss. : 12 mn.
4 pers.

1 kg. de carottes nouvelles / 40 g. de beurre / 1 pincée de sucre / 1 branche de thym / 1 cuillerée de persil haché / Sel, poivre.

Placer les carottes dans le compartiment à vapeur. Saupoudrer de thym, de sucre, saler et poivrer. Laisser cuire 12 minutes.

Servir les carottes arrosées de beurre fondu et parsemées de persil haché.

On peut faire sauter les carottes avec le beurre dans une poêle et les servir décorées de persil haché.

Artichauts aux champignons

Prép. : 20 mn. Cuiss. : 35 mn.
4 pers.

4 artichauts / 1 citron / 50 g. de beurre / 100 g. de poitrine fumée / 2 oignons émincés / 200 g. de champignons de Paris / 3 tomates / 1 dl. de vin blanc / Sel, poivre.

Parer les artichauts, les laver, les placer dans le compartiment à vapeur. Saler et laisser cuire 35 minutes.

Après cuisson, enlever les feuilles des artichauts et le foin, ranger les cœurs dans un plat tenu au chaud.

Faire revenir doucement les oignons. Ajouter la poitrine fumée en dés, les tomates mondées, concassées, les champignons émincés, citronnés, le vin. Saler et poivrer. Laisser mijoter 20 minutes.

Verser les champignons sur les artichauts.

Chou blanc à la bavaroise

XX O

Prép. : 30 mn. Cuiss. : 1 h. 35 mn.
4 pers.

1 chou blanc de 700 g. / 2 pommes acides / 1 cuillerée à café de cumin / 3 dl. de vin blanc sec / 1 oignon coupé en lamelles / 30 g. de beurre / 2 cuillerées à soupe de farine / Sel, poivre.

Dans le compartiment inférieur verser le vin blanc, compléter avec de l'eau.

Enlever les feuilles abîmées et les grosses tiges du chou. Le laver, l'émincer, le faire cuire dans un compartiment à vapeur 1 heure, ajouter les pommes coupées en grosses tranches . Saupoudrer de cumin, saler et poivrer. Prolonger la cuisson 25 minutes.

Faire blondir l'oignon au beurre, le saupoudrer de farine et remuer. Ajouter 1 verre d'eau, le chou, saler et poivrer. Couvrir, laisser mijoter 10 minutes.

Roulades de chou farcies

XXX O

Prép. : 15 mn. Cuiss. : 40 mn.
4 pers.

12 grandes feuilles de chou blanc / 500 g. de chair à saucisse / 200 g. de poitrine fumée / 1 oignon émincé / 1 verre de vin blanc sec / Sel, poivre.

Laver les feuilles de chou. Les cuire à la vapeur 2 minutes.

Après cuisson, les passer à l'eau. Les égoutter dans du papier absorbant. Enlever les côtes avec un couteau pointu. Garnir chaque feuille de chair à saucisse, les plier et les ranger côte à côte dans un plat à gratin beurré. Couvrir d'aluminium. Cuire à la vapeur 35 minutes.

Faire revenir l'oignon et les petits dés de poitrine fumée avec le beurre. Ajouter un verre de vin blanc. Verser la sauce sur les roulades.

Faire dorer les roulades 5 minutes sous le gril et servir dans le plat à gratin.

Choux de Bruxelles

Prép. : 10 mn. Cuiss. : 25 mn.
4 pers.

1 kg. de choux de Bruxelles / Noix de muscade / 1 oignon haché / 40 g. de beurre / 1/2 verre de bouillon / 1 cuillerée à soupe de persil haché.

Eplucher les petits choux. Les laver. Les placer dans le compartiment à vapeur et laisser cuire 15 minutes.

Faire blondir l'oignon dans le beurre, ajouter les choux de Bruxelles, la noix de muscade, le bouillon, saler et poivrer. Fermer, laisser mijoter 10 minutes.

Servir les choux de Bruxelles sur un plat chaud, parsemés de persil haché.

Chou rouge

Prép. : 10 mn. Cuiss. : 1 h. 45 mn.
4 pers.

1 chou rouge de 700 g. / 2 pommes Golden / Le jus d'un citron / 2 oignons hachés / 1 gousse d'ail écrasée / 200 g. de poitrine fumée coupée en dés / 40 g. de beurre / Sel, poivre / 1 verre de vinaigre de vin.

Mélanger 1 verre de vinaigre à l'eau du compartiment inférieur du cuit-vapeur.

Eplucher le chou, le laver et l'émincer. Râper les pommes, les citronner. Mettre le chou et les pommes dans le compartiment vapeur. Ajouter un oignon et l'ail. Saler et poivrer. Cuire 1 heure 45 minutes.

Faire revenir 1 oignon et la poitrine fumée pendant 15 minutes. Ajouter le chou et mélanger.

On peut servir le chou rouge avec des saucisses ou des côtelettes de porc grillées.

Endives au jambon

Prép. : 15 mn. Cuiss. : 30 mn.
4 pers.

8 endives / 4 tranches de jambon épaisses / 50 g. de gruyère râpé / Muscade râpée / 1/4 lit. de lait / 50 g. de beurre / 50 g. de farine / Sel, poivre.

Nettoyer les endives sous l'eau après avoir creusé la base pour éliminer l'amertume. Les faire cuire 15 minutes à la vapeur.

Faire un roux avec le beurre et la farine. Dès qu'il blondit mouiller avec le lait et continuer de remuer jusqu'à épaississement. Saler, poivrer, ajouter la noix de muscade. Laisser frémir 5 minutes.

Verser ensuite un peu de sauce dans un plat à gratin beurré. Rouler chaque endive dans une demi-tranche de jambon. Les ranger dans le plat. Napper du reste de sauce. Répartir le gruyère. Faire gratiner au four chaud, th. 8, 10 minutes.

Servir chaud dans le plat à gratin.

Epinards en branches

Prép. : 30 mn. Cuiss. : 25 mn.
4 pers.

1,200 kg. d'épinards frais / 2 dl. de crème fraîche / 40 g. de beurre / 2 gousses d'ail écrasées / Sel, poivre.
Pour décorer : *4 œufs durs coupés en 4 / 2 tranches de jambon / Croûtons frits.*

Nettoyer et laver les épinards. Les placer dans le compartiment vapeur et les faire cuire 5 minutes. Faire durcir les œufs et dorer les croûtons de pain. Chauffer la crème, l'ail, le beurre, les épinards. Saler et poivrer.

Servir les épinards sur un plat chaud, décorés des œufs durs, du jambon et des croûtons.

Epinards aux crevettes

Prép. : 15 mn. Cuiss. : 45 mn.
4 pers.

1,5 kg. d'épinards / 1 oignon haché fin / 60 g. de beurre / 125 g. de crevettes décortiquées / 2 cuillerées à soupe de pâte d'arachide en boîte (magasins de produits exotiques) / Sel, poivre, piment de Cayenne / Riz cuit.

Trier les épinards, les laver et les placer dans le compartiment à vapeur. Laisser cuire 15 minutes.

Hacher les épinards. Faire fondre l'oignon dans le beurre, ajouter la pâte d'arachide, les épinards, les crevettes. Saler, poivrer, pimenter (facultatif). Fermer et laisser mijoter 30 minutes.

Servir les épinards bien chauds, accompagnés de riz.

Haricots beurre à la provençale

✗✗ ○

Prép. : 40 mn. Cuiss. : 50 mn.
4 pers.

1 kg. de haricots / 600 g. de tomates mûres / 1 oignon émincé / 1 carotte coupée en rondelles / 40 g. de beurre / 10 cl. de vin blanc sec / 1 gousse d'ail écrasée / 1 branche de thym / 2 branches de persil / 1 cuillerée à soupe de basilic haché / 1 pincée de noix de muscade râpée / Feuilles de basilic et de persil / Sel, poivre.

Eplucher les haricots, les laver, les saler, les poivrer, les cuire dans le compartiment vapeur 20 minutes.

Dans le deuxième compartiment, mettre les carottes 15 minutes, l'oignon 5 minutes et les tomates 2 minutes.

Peler, presser et concasser les tomates.

Faire blondir l'oignon avec le beurre, ajouter la carotte, le vin, les tomates, l'ail, le thym, le persil, le basilic, la muscade. Saler, poivrer, laisser mijoter 30 minutes.

Après cuisson, éliminer le persil, le thym. Mixer la sauce et la faire réduire à bonne consistance.

Servir les haricots beurre parsemés de persil et de basilic finement ciselés, accompagnés de la sauce.

Fenouils à la crème

✗✗ ○

Prép. : 25 mn. Cuiss. : 45 mn.
4 pers.

4 bulbes de fenouil / 2 oignons hachés fin / 1 carotte coupée en rondelles / Le blanc d'1 poireau coupé en lamelles / 10 cl. de bouillon de poule / 2 dl. de crème fraîche / Persil haché / Sel, poivre.

Parer les fenouils. Les couper en quartiers. Les disposer sur une feuille d'aluminium. Poser dessus les oignons, la carotte, le poireau, le bouillon, saler, poivrer. Fermer hermétiquement. Cuire à la vapeur 40 minutes.

Disposer les fenouils sur un plat. Garder au chaud. Faire réduire la sauce des papillotes. Ajouter la crème et chauffer jusqu'à ébullition.

Napper les fenouils de sauce et parsemer de persil.

Navets du mois de mai

Prép. : 10 mn. Cuiss. : 32 mn.
4 pers.

1 kg. de navets blancs / 1 oignon haché / 1 gousse d'ail écrasée / 1 cuillerée à soupe de farine / 1 dl. de lait / 20 g. de beurre / Persil / Sel, poivre.

Peler les navets, les couper en deux, les placer dans le compartiment vapeur. Saler et poivrer. Laisser cuire 20 minutes.

Faire revenir au beurre l'oignon, l'ail et la farine sur feu doux en remuant. Lorsque le mélange est roux, ajouter le lait. Porter doucement à ébullition et maintenir 2 minutes, ajouter les navets, couvrir et laisser mijoter 10 minutes.

Servir les navets parsemés de persil haché.

Petits pois printaniers

Prép. : 30 mn. Cuiss. : 12 mn.
4 pers.

1 kg. de petits pois écossés / 1 oignon / 1 laitue / 40 g. de beurre / 1 cuillerée à café de sucre / 1 cuillerée à soupe de persil haché / Thym, sel, poivre.

Couper l'oignon en rondelles, le placer dans le compartiment à vapeur. Mettre les petits pois dessus et saupoudrer de thym. Placer la salade lavée et coupée en 8 morceaux sur les pois. Ajouter le sucre, saler, poivrer, laisser cuire 12 minutes.

Servir les pois parsemés de beurre et de persil haché.

Jardinière à l'anglaise

Prép. : 15 mn. Cuiss. : 30 mn.
4 pers.

2 oignons en lamelles / 150 g. de carottes en tranches / 150 g. de petits pois écossés / 100 g. de haricots verts coupés / 100 g. de chou-fleur en bouquets / 40 g. de beurre / 100 g. d'asperges coupées / Le jus d'un demi-citron / 1 cuillerée à soupe de persil haché / Sel, poivre, thym.

Faire cuire à la vapeur : 30 minutes les carottes, 12 minutes les haricots verts, les petits pois et les oignons, 10 minutes les asperges et le chou-fleur.

Mélanger délicatement les légumes cuits.

Servir la jardinière saupoudrée de persil haché, parsemée de noisettes de beurre et arrosée de jus de citron.

On peut aussi servir la jardinière arrosée de jus de viande ou de crème fraîche chauffée.

Crème au citron

Prép. : 20 mn. Cuiss. : 30 mn.
4 pers.

7 œufs / 250 g. de sucre / 4 tasses à thé d'eau / Le jus de 2 citrons / Le zeste d'1 citron / 2 cuillerées à soupe de rhum.

Faire chauffer l'eau avec le sucre et le zeste de citron jusqu'à ébullition. Hors du feu, ajouter le jus de citron, le rhum et verser sur les œufs battus en fouettant.

Passer la crème au chinois, la verser dans des ramequins, les couvrir d'une feuille d'aluminium et les faire cuire à la vapeur 30 minutes.

Servir la crème froide.

Crème renversée au caramel

Prép. : 20 mn. Cuiss. : 30 mn.
4 pers.

1 lit. de lait / 150 g. de sucre pour la crème / 50 g. de sucre pour le caramel / 1 gousse de vanille / 6 œufs.

Faire bouillir le lait avec la gousse de vanille fendue dans le sens de la longueur et 150 g. de sucre pendant 10 minutes. Enlever la vanille.

Battre les œufs et leur incorporer le lait bouillant en remuant.

Préparer un caramel en faisant fondre à feu doux dans une casserole 50 g. de sucre avec 1 cuillerée à café d'eau. Dès que le caramel est brun, chemiser un moule à manqué et y verser la crème. Faire cuire à la vapeur 30 minutes.

Après refroidissement, décoller le bord du moule avec un couteau et renverser sur un plat.

Servir aussitôt.

Crème bachique

Prép. : 10 mn. Cuiss. : 30 mn.
4 pers.

1/2 lit. de Bordeaux blanc doux / 100 g. de sucre en poudre / 1/2 cuillerée à café de cannelle moulue / 1 pincée de muscade râpée / 6 jaunes d'œufs.
Pour servir : *Quelques grains de raisin blancs et noirs.*

Porter le vin blanc, le sucre, la cannelle à ébullition pendant 10 minutes et retirer du feu.

Verser le vin sur les œufs battus, en remuant. Passer au chinois et verser le mélange dans des ramequins individuels, les placer dans le compartiment vapeur. Couvrir et cuire 30 minutes.

Servir la crème bien froide dans les ramequins parsemée de quelques grains de raisins.

Bananes "biguine"

Prép. : 20 mn. Cuiss. : 8 mn.
4 pers.

4 bananes fermes et mûres / 1 citron / 50 g. de sucre / 1/2 cuillerée à café de cannelle moulue / 1 pincée de muscade râpée / 40 g. de beurre / 1 demi-gousse de vanille / 2 cuillerées à soupe de rhum / 2 dl. de crème / 1 dl. de rhum.

Peler les bananes. Les citronner. Les rouler dans le sucre mélangé à la cannelle et à la muscade. Les faire dorer dans le beurre.

Disposer les bananes sur une feuille d'aluminium. Poser dessus la gousse de vanille fendue. Arroser d'une cuillerée de rhum. Saupoudrer du sucre restant. Fermer hermétiquement et faire cuire à la vapeur 8 minutes.

Placer les bananes sur un plat, recueillir la sauce de cuisson, la faire réduire jusqu'à bonne consistance et ajouter la crème fraîche. Donner un bouillon.

Servir les bananes très chaudes (sinon le rhum ne s'enflammera pas). Les napper de sauce et les arroser de rhum. Enflammer.

Poires aux fruits confits

Prép. : 15 mn. Cuiss. : 20 mn.
4 pers.

4 poires / 1/2 cuillerée à café de cannelle moulue / Noix de muscade / 100 g. de sucre en poudre / 100 g. de chocolat à croquer / 2 cuillerées à soupe de crème / 40 g. d'écorce d'orange et de citron confites.

Laver les poires. Les placer entières dans le compartiment à vapeur. Les saupoudrer de cannelle, laisser cuire 10 minutes. Les éplucher et les placer dans des coupes individuelles. Mettre au réfrigérateur.

Préparer un sirop avec 5 cuillerées à soupe d'eau, 100 g. de sucre et la noix de muscade. Laisser fondre dans le compartiment vapeur 5 minutes, y mélanger la crème. Verser le sirop sur les poires. Les napper de chocolat fondu. Décorer de lamelles de fruits confits.

Jockélés aux cerises

XX O

Prép. : 35 mn. Cuiss. : 45 mn.
4 pers.

1/2 lit. de lait / 1 gousse de vanille / 150 g. de semoule de blé fine / 2 œufs / 150 g. de noisettes / 50 g. de sucre en poudre / 1 citron non traité / 400 g. de cerises noires / 1 cuillerée à soupe de kirsch / 20 g. et 30 g. de beurre.

Pour servir : *2 dl. de crème fraîche liquide montée au fouet et placée 2 heures avant dans le freezer du réfrigérateur.*

Faire bouillir le lait avec la gousse de vanille fendue. Baisser le feu et verser la semoule en pluie fine. Laisser épaissir 10 minutes sans cesser de remuer. Enlever la vanille et laisser tiédir.

Pendant ce temps passer au four chaud 150 g. de noisettes et les peler. Dans une poêle avec 30 g. de beurre, les faire griller doucement. Lorsqu'elles sont froides, les écraser grossièrement.

Tourner en mousse les œufs battus avec le sucre. Ajouter le zeste râpé et le jus du citron, les cerises, le kirsch, les noisettes.

Verser la préparation dans des petits moules beurrés, entrant dans un compartiment vapeur. Couvrir d'un papier aluminium. Cuire à la vapeur 45 minutes.

Laisser refroidir et placer au réfrigérateur. Démouler juste avant de servir.

Servir les jockélés aux cerises accompagnés de crème fouettée.

Clafoutis

Prép. : 15 mn. Cuiss. : 35 mn.
4 pers.

700 g. de cerises noires dénoyautées / 1/4 lit. de lait / 80 g. de farine / 6 œufs / 90 g. de sucre / Sel / 5 cl. de kirsch / Amandes effilées / Sucre glace.

Mélanger la farine avec les œufs entiers et le sel. Ajouter un peu de lait. Bien travailler la pâte pour la rendre légère. Incorporer peu à peu le reste du lait. On doit obtenir la consistance d'une pâte à crêpe.

Ajouter les cerises, le kirsch. Verser le mélange dans un moule en porcelaine à feu bien beurré. Recouvrir d'un papier d'aluminium et laisser cuire à la vapeur 35 minutes.

Servir le clafoutis, saupoudré de sucre, d'amandes effilées et passé sous le gril.

On peut remplacer les cerises par des framboises, des poires, des kiwis ou un mélange d'ananas et de mangue.

Compote aux étoiles de carambole

Prép. : 30 mn. + 1 nuit de trempage. Cuiss. : 12 mn.
4 pers.

50 g. de raisins secs / 100 g. d'abricots secs / 100 g. de pruneaux / 2 pommes / 450 g. de rhubarbe / 250 g. de sucre en poudre / 1 grosse carambole.
Crème anglaise : *1/2 lit. de lait / 5 jaunes d'œufs / 100 g. de sucre / 1 gousse de vanille / 1 cuillerée à soupe de kirsch.*

Faire tremper les raisins secs, les pruneaux et les abricots dans de l'eau pendant une nuit.

Placer les fruits dans le compartiment vapeur. Cuire 10 minutes.

Peler les pommes, enlever les pépins, les couper en morceaux.

Peler et couper la rhubarbe en tronçons de 2 cm. La disposer sur du papier sulfurisé. Poser dessus les pommes, les pruneaux, les raisins secs, les abricots. Fermer le papier hermétiquement et faire cuire à la vapeur 10 minutes.

Faire bouillir le lait avec la gousse de vanille fendue. Battre les jaunes d'œufs avec le sucre jusqu'à ce que le mélange fasse le ruban, mouiller en remuant, avec le lait légèrement refroidi ; chauffer, en remuant, jusqu'à ce que la crème nappe le cuillère, ajouter le kirsch, retirer la vanille. Hors du feu remuer jusqu'à ce que la crème soit presque froide.

Avant de servir, disposer les fruits sur une coupe. Les sucrer.

Couper la carambole en tranches transversales pour obtenir des étoiles, les répartir sur les fruits.

Servir la compote accompagnée de la crème anglaise.

Gâteau de riz aux framboises

XXX O

Prép. : 40 mn. Cuiss. : 1 h. 30 mn.
4 pers.

100 g. de riz rond / 1/2 lit. de lait / 1/2 gousse de vanille / 1 cuillerée à café d'essence d'amande / 80 g. de beurre / 4 œufs / 60 g. d'amandes grillées et pilées / 50 g. de raisins de Corinthe / 40 g. de fruits confits en petits morceaux / 1 cuillerée à soupe de kirsch / 50 g. de sucre / 5 cl. de crème fraîche / 500 g. de framboises fraîches / 50 g. de sucre.

Faire bouillir le lait avec la gousse de vanille fendue. Ajouter l'essence d'amande.

Placer le riz dans un plat profond pouvant entrer dans le compartiment vapeur. Y verser le lait bouillant. Cuire 1 heure 10 minutes. Après cuisson enlever la vanille et laisser refroidir.

Travailler le beurre avec une cuillère en bois jusqu'à ce qu'il soit crémeux. Ajouter les œufs un à un. Verser le riz peu à peu, bien mélanger.

Introduire alors les amandes, le kirsch, le sucre, les raisins secs, les fruits confits et la crème fraîche.

Verser la préparation dans un moule à manqué antiadhésif beurré pouvant entrer dans le compartiment vapeur. Couvrir d'un papier d'aluminium. Cuire à la vapeur 45 minutes.

Equeuter les framboises. Les passer au mixer. Sucrer selon le goût.

Démouler et servir le gâteau de riz nappé du coulis de framboise.

Pommes aux framboises ✕✕ ○

Prép. : 20 mn. Cuiss. : 60 mn.
4 pers.

4 pommes / 100 g. de sucre / 100 g. de framboises / 1 blanc d'œuf.

Evider les pommes, les piquer avec une fourchette, les placer sur une feuille d'aluminum. Verser 15 g. de sucre au centre de chacune. Fermer hermétiquement et cuire à la vapeur 30 minutes.

Faire fondre doucement les framboises pendant 10 minutes. Les passer au tamis. Ajouter 40 g. de sucre puis délicatement le blanc d'œuf battu.

Déballer et ranger les pommes dans un plat chaud, napper de crème aux framboises.

Servir aussitôt.

Pudding aux marrons et aux raisins

Prép. : 40 mn. Cuiss. : 1 h. 10 mn.
4 pers.

500 g. de marrons / 1/2 lit. de lait / 1 pincée de sel / 5 œufs / 150 g. de sucre / Le zeste râpé d'1 citron / 150 g. de raisins de Corinthe / 50 g. de cerises confites en dés / 25 g. de crème fraîche / 50 g. d'amandes effilées et grillées / 25 cl. de coulis d'abricot.

Peler les marrons. Les éparpiller dans le compartiment vapeur. Cuire 10 minutes et enlever la seconde peau. Les ranger dans un plat entrant dans le compartiment vapeur. Les arroser de lait, d'une pincée de sel. Les cuire à la vapeur 40 minutes et les passer au mixer.

Travailler les œufs battus, le sucre, le zeste de citron et la crème pour les rendre mousseux. Mélanger aux marrons, avec les raisins et les cerises confites.

Verser la préparation dans un moule anti-adhésif beurré entrant dans le compartiment vapeur. Saupoudrer des amandes grillées. Couvrir d'un papier d'aluminium. Cuire à la vapeur 45 minutes.

Servir tiède ou froid nappé de coulis d'abricot.

Flan à l'ananas

Prép. : 35 mn. Cuiss. : 45 mn.
4 pers.

1 ananas bien mûr / 180 g. de sucre en poudre / 3 œufs entiers / 30 g. de farine / Le zeste râpé et le jus d'1 citron non traité / 3 cuillerées à soupe de curaçao ou de rhum / crème anglaise (p. 90).

Eplucher l'ananas. Le couper fin et en extraire le jus.

Dans une casserole à feu doux, faire cuire pendant 10 minutes le jus d'ananas, 100 g. de sucre et le zeste de citron. Laisser tiédir.

Ajouter alors les œufs entiers un à un puis la farine, le jus de citron et l'alcool.

Préparer un caramel blond avec 80 g. de sucre et 2 cuillerées à soupe d'eau. Caraméliser un moule à manqué anti-adhésif entrant dans le compartiment vapeur. Verser la crème. Couvrir d'un papier d'aluminium. Cuire 45 minutes à la vapeur. Laisser refroidir et démouler.

Servir le flan nappé de crème anglaise.

Plumpudding écossais

Prép. : 45 mn. Cuiss. : 45 mn.
4 pers.

125 g. de mie de pain / 1/4 lit. de lait / 4 œufs / 200 g. de sucre / 100 g. de raisins de Smyrne / 40 g. de fruits confits en cubes / 125 g. d'amandes en poudre / 1 citron / 2 cuillerées à soupe de rhum / 1 pincée de cannelle / 1 pincée de muscade / 1 pincée de gingembre / 200 g. de beurre / 50 g. de sucre en poudre / 1/2 verre de rhum / 500 g. de fraises / 50 g. de sucre en poudre .

Faire tremper le pain 10 minutes dans le lait. Travailler le beurre pour le ramollir, ajouter les œufs battus avec le sucre, le pain égoutté, les raisins, les fruits confits, les amandes, le jus et le zeste râpé du citron, 1 cuillerée à soupe de rhum, la cannelle, la muscade, le gingembre, le beurre. Mélanger.

Verser la préparation dans un moule beurré entrant dans le compartiment vapeur. Couvrir d'aluminium. Cuire à la vapeur 45 minutes.

Mixer les fraises lavées, équeutées. Sucrer.

Après cuisson, tremper le moule quelques minutes dans de l'eau froide et démouler. Saupoudrer de sucre, arroser de rhum et enflammer.

Servir accompagné du coulis de fraise.